पैसे की समझ

डॉ. राजेंद्र कुमार श्रीवास्तव

ISBN 979-8-89067-717-4

यह किताब समर्पित है मेरी माँ और पिताजी को जिन्होंने बहुत सारी कठिनाई सहते हुए, कड़ी मेहनत करके, तथा एक एक पाई बचा कर हम सारे भाइयों को एक अच्छे मुकाम पर पहुँचाया.

डॉक्टर राजेंद्र कुमार श्रीवास्तव

अनुक्रमणिका

प्राक्कथन

एक मिडिल क्लास का लड़का/लड़की बचपन से कड़ी मेहनत करते हैं. वो ईमानदार हैं, अपनी पढ़ाई और भविष्य के लिए गंभीर हैं. समय के साथ, अपनी और परिवार वालों की मेहनत से उसकी नौकरी लग जाती है, या कोई काम करने लगते हैं. उसकी शादी हो जाती है, बच्चे हो जाते हैं. सारा परिवार कोशिश करता है, लेकिन 15-20 साल बाद भी समझ नहीं आता की पैसा क्यों नहीं बच रहा? पैसे का निवेश कैसे करें और अपना और बच्चों का भविष्य कैसे सुरक्षित करें?

यही कहानी मेरी भी थी. 48 साल की उम्र में मैंने अपना विश्लेषण करा, अपनी परिस्थिति के बारे में सोचा तो मुझे समझ आया की मैं अपने व्यवसाय में तो बहुत अच्छा हूँ लेकिन वित्तीय रूप से निरक्षर हूँ. मेरी पैसे की समझ कम होने के कारण मैं ने अपना बहुत सारा पैसा एजेंट्स, रिलेशनशिप मैनेजर और अपने आप को फिऑन्सिअल एडवाइजर कहने वाले लोगों की सलाह की वजह से गलत जगह निवेश कर दिया और काफी नुक्सान करा.

काफी नुकसान होने के बाद मैं इसे एक चुनौती के रूप में स्वीकार किया. यदि मैं एक अच्छा डॉक्टर बन सकता हूँ तो मैं फाइनेंस भी सीख सकता हूँ, वित्तीय रूप से साक्षर बन सकता हूँ. इस चुनौती के बाद मैंने 48 से 51 साल की उम्र में बहुत सारी फाइनेंस से सम्बंधित पढ़ाई करी एवं फाइनेंस से सम्बंधित इम्तिहान पास करे और बहुत सारा इंटरनेट, किताबों एवं कुछ गुरुओं के माध्यम से पैसे कि समझ हासिल करी.

मैं आप लोगों को फाइनेंस क्यों पढ़ाना चाहता हूँ,? वित्तीय रूप से साक्षर क्यों करना चाहता हूँ? मिडिल क्लास बहुत मेहनत और ईमानदारी से पैसा कमाता है, और एक अच्छी जिंदगी पर उसका भी हक़ है, और इसके लिए पैसे की समझ बहुत जरूरी है. जैसे की मेरे मेडिकल ज्ञान से मरीजों का फायदा होता है वैसे ही मैं चाहता हूँ की मेरे वित्तीय ज्ञान का फायदा आप सब को फायदा मिले, खास तौर से मेरे जैसे मिडिल

क्लास लोगों को. मैं चाहता हूँ कि ईमानदारी से काम करने वाले मेरे और आप जैसे लोग अपने पैसे को खोएं नहीं, और अपनी और अपने परिवार की ज़िम्मेदारी आराम से पूरी कर पाएं.

आभार

मैं विशेष आभार प्रकट करता हूँ अपने फाइनेंस के गुरु डॉ राम नाथ घुटे, मुंबई, का जिन्हो ने मुझे सर्वाधिक ज्ञान दिया.

साथ ही मैं आभार प्रकट करता हूँ अपने फाइनेंस के दूसरे गुरु श्रीमान पी वी सुब्रामण्यम, मुंबई, का जिनके वीडियो और किताबों द्वारा मुझे काफी ज्ञान मिला. इसके अलावा मेरे NSE -Elearnmarkets और PGDFM के कोर्सेज के अध्यापक लोग, श्रीमान देवाशीष बासु, मैडम सुचेता दलाल , श्रीमान पराग पारिख एवं कई अन्य विशेषज्ञ के वीडियो व्याख्यान से मुझे काफी ज्ञान मिला. मैं इन सबका विशेष आभारी हूँ.

मैं आभारी हूँ सभी मिडल क्लास मेहनती और ईमानदार लोगों का जो अपने परिवार और इस देश की उन्नति के लिए दिन रात मेहनत करते दिखते हैं और मेरे लिए प्रेरणा श्रोत हैं.

अस्वीकरण

ये किताब भारत के मिडिल क्लास लोगों के लिए लिखी गयी है चाहे वो नौकरी कर रहे हों या अपनी छोटा बिज़नेस या दुकान चला रहे हों, या किसी भी पेशे में हों .

मैंने इस किताब में काम चलाऊ भाषा का प्रयोग किया है जो की कुछ जगह पर शायद तकनीकी रूप से सही नहीं हो. यह प्रयास केवल आम आदमी में पैसे की समझ बढ़ाने के किये है, इसलिए भाषा, व्याकरण और तकनीकी चीज़ों को कुछ जगह जानबूझ कर नज़रअंदाज़ किया गया है. इस पुस्तक में मैंने वित्तीय की जगह "पैसे" शब्द का प्रयोग किया है जिससे की समझने में आसानी हो.

मैं एक सेबी रजिस्टर्ड फाइनेंसियल एडवाइजर / इन्वेस्टमेंट एडवाइजर (निवेश सलाहकार) नहीं हूँ. आप अपने विवेक और जानकारी के हिसाब से इस पुस्तक में दी गयी जानकारी का प्रयोग करें. किसी भी फाइनेंसियल प्लानिंग (वित्तीय योजना) या पैसे के सम्बन्ध में फैसला लेने से पहले अपने फाइनेंसियल एडवाइजर (वित्तीय सलाहकार) से संपर्क करें. यह किताब किसी भी तरह से म्यूच्यूअल फंड एजेंट, इन्शुरन्स एजेंट, रेलशनशिप मैनेजर, ब्रोकर, बैंकर, फाइनेंसियल एडवाइजर इत्यादि के विरुद्ध नहीं है. इस किताब में दी गई जानकारी किसी भी तरह से पेशेवर सलाह नहीं है. इस किताब के आधार पर वित्तीय सम्बन्धी निर्णय लेने और नुकसान होने पर लेखक की किसी भी तरह की कानूनी जिम्मेदारी नहीं होगी.

लेखक का परिचय

आपके दिमाग में ये ख्याल आएगा की मैं कौन हूँ और क्या करता हूँ? मैं पेशे से एक मेडिकल डॉक्टर और रेडियोलाजिस्ट हूँ तथा मैं प्रोफेसर के रूप में एक प्राइवेट मेडिकल कॉलेज, देहरादून में नौकरी करता हूँ. मेरा छोटा सा परिचय नीचे इंग्लिश में दिया हुआ है.

प्रोफेसर डॉक्टर राजेंद्र कुमार श्रीवास्तव

प्रोफेसर रेडियोडायगनोसिस,

श्री गुरु राम राय इंस्टिट्यूट ऑफ़ मेडिकल एंड हेल्थ साइंसेज, देहरादून

MBBS, DCh, MD –RADIODIAGNOSIS, PGDMLS, MIMA,MIRIA

मेरा फाइनेंस में क्या अनुभव है इस बारे में बात करने का?

मेरी फाइनेंस में योग्यता नीचे दी हुई हैं

निम्नलिखित सर्टिफिकेशन परीक्षा उत्तीर्ण करी

NISM certified Investment Advisor, Research Analyst,

Retirement Advisor

Insurance advisor

NCMP-Level 2 Certification (Related to share market trading)

PGDFM (Post Graduate Diploma in Finance Management)

Mutual Fund Distributor

मैं अपने परिवार की तथा अपने कुछ पारिवारिक अवं डॉक्टर मित्रों को उनके फाइनेंस मैनेज करने में मदद करता हूँ। मैं लोगों को फाइनेंस सिखाने के लिए लेक्चर्स भी लेता हूँ.

अध्याय 1
पैसे की समझ - परिचय

पैसे क्यों जरूरी है?

पैसा एक जरुरत है और पैसे होने से आप किसी भी काम में कई गुना वृद्धि कर सकते हैं. जैसे की पैसे कम हो तो आप बच्चों को सामान्य स्कूल में भेजते हैं, पैसे जयादा हो तो आप अच्छे स्कूल में पढ़ा सकते हैं. पैसे ज्यादा हो तो आप अच्छे हॉस्पिटल में इलाज करा सकते हैं, अच्छे घर में रह सकते हैं, देश विदेश घूम सकते हैं, अपनों को तोहफे दे सकते हैं, और अगर आप समाज सेवा भी करना चाहते हैं तो पैसे की वजह से ज्यादा लोगों की कम समय में सेवा कर सकते हैं. कहने का मतलब है की पैसा एक गुणक है और पैसा एक शक्ति है. ज्यादा पैसे किसी काम के लिए आपके प्रयासों को कई गुना कम कर सकता है, या उतने ही प्रयास में कई गुना ज्यादा परिणाम दे सकता है. ज्यादा पैसे आपकी सुख सुविधा को कई गुना बढ़ा सकते हैं.

पैसे की उपलब्धता के हिसाब से हमारी ज़िन्दगी के तीन स्तर हो सकते हैं:

1. **जरुरत** की ज़िन्दगी - इस स्तर पर आपके खर्चे बहुत मुश्किल से चलते हैं. इसमें परिवार में रोज़ होने वाले जरुरी खर्चे आते हैं, जैसे की खाना, कपडा, रहने को किराये का घर, बच्चों की पढ़ाई, इलाज करने को पैसे, इत्यादि. और ये जरूरतें भी बड़ी मुश्किल से पूरी होती हैं.

2. **आराम की ज़िन्दगी** - इस स्तर पर आप को रोज़मर्रा के खर्चों की चिंता नहीं होती, और आप अपनी जरूरतें आराम से पूरा कर सकते हैं, जैसे की बच्चों अच्छे स्कूल में पढ़ाई, अच्छे हॉस्पिटल में इलाज, अपना घर, मनोरंजन के लिए पैसे, इत्यादि. साथ ही आपके पास छोटे खर्चों के लिए अतिरिक्त पैसे होते हैं, जैसे की कहीं बाहर घूमने जाना, कभी कभी महंगे रेस्टोरेंट या होटल में खाना, अपनी गाड़ी होना इत्यादि.

3. **विलासिता की जिंदगी** - इस स्तर पर आपके पास आपकी जरुरत से बहुत ज्यादा पैसा होता है, जैसे की बहुत बड़ा घर, और बहुत सारी जमीन जायदाद, कीमती गाड़ियां, सोने हीरे के गहने, दुनिया की सैर को पैसे इत्यादि.

हमे पैसे की समझ होना और पैसे का ज्ञान होना क्यों जरुरी है?

हम में से बहुत मिडिल क्लास लोग दिन रात मेहनत करते हैं और अच्छे से पैसे कमाते हैं, फिर भी पैसे की परेशानी होती है. ऐसा इसलिए होता है क्यों की हमें पता नहीं होता की ये पैसा का प्रबन्धन (मैनेज) कैसे करना है, निवेश कैसे करना है, और साथ ही पैसे से सम्बंधित दूसरे पहलू का ज्ञान नहीं होता है.

1. पैसे की समझ से हम अपनी ज़िन्दगी की बहुत सारी मुश्किलों का सामना आसानी से कर सकते हैं, तथा अपनी ज़िन्दगी अच्छे से जी सकते हैं. इसके उलट अगर आपको पैसे की समझ नहीं है तो आपकी ज़िन्दगी में बहुत मुश्किलें आ सकती हैं.

2. हमारी आधी से ज्यादा ज़िन्दगी पैसे कमाने में जाती है या उसको मैनेज करने में जाती है.

3. हमारे स्कूल में या कॉलेज में हमें अपने पैसे मैनेज करने की कोई भी शिक्षा नहीं दी जाती है.

मैंने पैसे की समझ को बढ़ाने की जरुरत क्यों समझी?

हममें से अधिकतर लोग बहुत मेहनत से पैसा कमाते हैं लेकिन लेकिन हम संपत्ति इकट्ठा नहीं कर पाते. तो हमारा पैसा जाता कहाँ है? अधिकतर हम ये पैसा बिना सोचे समझे खर्च करते हैं. हम में से कुछ लोग पैसे बचा कर निवेश भी करते हैं, लेकिन उनको विभिन्न प्रकार के निवेश के तरीके नहीं पता होते. उनके संपर्क में कई म्यूच्यूअल फंड एजेंट, इन्शुरन्स एजेंट, रेलशनशिप मैनेजर, ब्रोकर, बैंकर, फाइनेंसियल एडवाइजर इत्यादि आते हैं और उनको कुछ म्यूच्यूअल फण्ड, इन्शुरन्स या कुछ और वित्तीय प्रोडक्ट बेच देते है। इनमें से कुछ लोग वित्तीय उत्पाद बेचते समय ग्राहक की ज़रूरतों को नहीं समझते हैं. इनमे से बहुत लोग फाइनेंसियल प्लानिंग में एक्सपर्ट नहीं होते और ना ही सेबी में इन्वेस्टमेंट एडवाइजर के रूप में रजिस्टर्ड भी नहीं होते. कई बार इनके

द्वारा बेचे गए कई वित्तीय उत्पाद आपके लिए उचित नहीं होते और लम्बे समय में या तो जरुरत से काम लाभ देते हैं, या तो ये घाटा देते हैं. वित्तीय उत्पाद बेचना पेशा है, और ये आपको उत्पाद बेच कर कोई गलती नहीं कर रहे हैं. ये आपकी जिम्मेदारी है की आप अपनी और अपने परिवार की जरुरत के हिसाब से वित्तीय उत्पाद खरीदे और समय समय पर देखते रहे की वो वित्तीय उत्पाद आपके लक्ष्य को पूरा कर रहा है या नहीं.

फाइनेंसियल एडवाइजर कौन होता है?

कोई भी आपके पास आकर या आपके बैंक में आपकी फाइनेंसियल प्लानिंग के बारे में बोलता है (वित्तीय सलाह देता है) तो उसके SEBI Registered Investment Advisor (RIA) लाइसेंस के बारे में पूछें. Registered Investment Advisor लाइसेंस सेबी द्वारा दिया जाता है, और जिनके पास SEBI Registered Investment Advisor लाइसेंस है केवल वही लोग कानूनी तौर पर आपको वित्तीय सलाह दे सकते हैं. म्यूच्यूअल फण्ड एजेंट केवल म्यूच्यूअल फण्ड बेच कर सकता है, इन्शुरन्स एजेंट केवल इन्शुरन्स बेच सकता है, ब्रोकर केवल ट्रेडिंग अकाउंट खुलवा सकता है. लेकिन इनमे से कोई भी कानूनी तौर पर आपके फाइनेंसियल प्लान नहीं कर सकता है, न ही उनको इसका अनुभव होता है. जैसे कि मेडिकल फील्ड में झोला छाप डॉक्टर से इलाज करना खतरनाक है वैसे ही बिना लाइसेंस (Non SEBI Registered Investment Advisor) से अपनी फाइनेंसियल प्लानिंग करना (वित्तीय सलाह लेना) खतरनाक है.

क्या फाइनेंस समझना सही में बहुत मुश्किल है ?

हम में से अधिकतर लोगों के दिमाग में ये बैठा हुआ है की फाइनेंस समझना बहुत कठिन है, और इस वजह से हम प्रयास नहीं करते. हम किसी और पर भरोसा करके उसको अपनी मेहनत की कमाई दे देते हैं जिससे की कई बार काफी नुकसान होता है.

आप मेरी बात का विश्वास करें कि अपने पैसा मैनेज करना बहुत आसान है और आप खुद इसे आराम से कर सकते हैं. आपको कोई चार्टेड अकाउंटेंट नहीं बनना है, आपको तो केवल अपना पैसा मैनेज करना है.

आप आज जो भी काम कर रहे हैं, और उसमें अच्छे हैं तो आप फाइनेंस आराम से सीख सकते है. अपना पैसे मैनेज करना बहुत छोटी चीज़ है आपके लिए. ये पैसे की समझ आपकी और आपके परिवार की ज़िन्दगी पूरी तरह से बदल सकती है

अध्याय 2
फाइनेंस में प्रयोग किये जाने वाले कुछ "शब्दावली" अवं उनका अर्थ.

यहाँ मैं ये बता देना जरूरी समझता हूँ की मैंने इन शब्दावली को आम भाषा में समझाने का प्रयास किया है, और ये किताबों में लिखी हुई परिभाषा से अलग हो सकती हैं. यदि किसी को एकदम सही अर्थ या परिभाषा जाननी हो तो वो कृपया कर के फाइनेंस के विशेषज्ञों की किताबें पढ़े.

कीमत अवं असली मूल्य

कीमत वह है जो आप सामान खरीदते समय दूकानदार या किसी को देते हो, लेकिन उस सामान का असली मूल्य कुछ और होता है. उद्धारहण के लिए मान लीजिये की आपने एक कपडा दुकान से ख़रीदा जिसकी कीमत आपने रूपए पांच हज़ार दूकानदार को दी. उसी दिन आपको एक दोस्त मिलता है जिसका कपडे का काम है, और वो बताता है की इस कपडे का असली मूल्य केवल दो हज़ार रूपए है. ये कीमत और असली मूल्य का अंतर हर चीज़ में रहता है चाहे वो जमीन जायदाद हो, गहने हो, शेयर हो, इन्शुरन्स या म्यूच्यूअल फण्ड हो, या बाजार से ख़रीदा कोई भी सामान हो. आप जब भी कोई सामान खरीदतें हैं, तो हमेशा ध्यान रखें की आप उस वस्तु के असली मूल्य जानने की और उस पर ये सामान खरीदनें की कोशिश करें, न की उस पर लिखे हुए कीमत पर. इसके अलावा इस बात का भी ध्यान रखें की इस सामान का आपकी ज़िन्दगी में कितना महत्व है, और क्या यह सामान इस कीमत पर आज ही खरीदना आपके लिए बहुत जरूरी है? या आप ये खरीद कुछ दिन के लिए टाल सकते हैं, और सस्ते मूल्य की प्रतीक्षा कर सकते हैं.

संपत्ति (धन) एवं समृद्धि में अंतर

धनी (अमीर): अगर आपके पास आपकी जरुरत से ज्यादा पैसा है तो आप अमीर हो. यह अमीरी इस बात पर निर्भर करेगी की आप जिंदगी की किस दौर में हैं, आपके ऊपर कितनी ज़िम्मेदारी हैं, और पैसे अवं ज़िन्दगी के बारे में आपका नजरिया क्या है. एक करोड़ रूपए किसी गरीब के लिए बहुत ज्यादा हैं और किसी बड़े बिजनेसमैन के लिए शायद वो एक महीने की कमाई हो. ये भी ध्यान रखें की आपके देश के हालात कैसे हैं. अगर देश के हाल ख़राब हैं तो आपकी सारी अमीरी बेकार है, जैसे की हमने अभी यूक्रेन एवं अफगानिस्तान की लड़ाई में देखा. इसीलिए पैसे कमाने के साथ साथ इस बात का भी प्रयास करें की आप का देश सही दिशा में बढ़ रहा हो एवं सुरक्षित रहे.

समृद्धशाली : समृद्धशाली का मतलब है कि आपके पास एक पैसिव इनकम (निष्क्रिय आय) हो (बिना कुछ काम किये पैसा आना) और ये पैसिव इनकम (निष्क्रिय आय) आपके रोज़ के खर्चों से ज्यादा हो. साथ ही इस पैसे का आनंद उठाने के लिए आपके पास समय हो, तथा आप स्वस्थ हों. बहुत सारे लोगों के पास बहुत पैसा है लेकिन या तो उनके पास समय नहीं है या स्वस्थ नहीं है, तो मेरी नज़र में वो समृद्धशाली नहीं है.

समृद्धशाली बनने की कोशिश करें, न की अमीर बनने की.

आर्थिक संपत्ति अवं आर्थिक जिम्मेदारी (दायित्व) में अंतर

कृपया नीचे दी गयी चीज़ों में सोचें कि कौन सी चीज़ आप की ज़िम्मेदारी है, और कौन सी चीज़ आपकी संपत्ति है?

बैंक में ऍफ़ डी (FD)?

आपका घर जिसमें आप रहते हैं?

आपकी दुकान?

आपकी कार?

आपका बिज़नेस?

आपकी दूसरी प्रॉपर्टी जो किराये पर दी है?

संपत्ति वो चीज़ है जिस से की आपकी जेब में पैसा आता है - रोबर्ट टी कियोसाकि

Asset – Brings money in your pocket. Robert T. Kiyosaki

इस शब्दावली के हिसाब से आपका बिज़नेस, आपका घर या दुकान जो किराये पर दी हो आपका किसी भी तरह का निवेश (इन्वेस्टमेंट) जो की आपको महंगाई की दर से ज्यादा ब्याज दे रहा हो वह आपकी आर्थिक संपत्ति है.

गैर आर्थिक संपत्ति

गैर आर्थिक सम्पति वो चीज़ें हैं जो आपको स्थूल रूप से दिखाई नहीं देती हैं, लेकिन आपकी कमाई बढ़ा सकती हैं

जैसे की **बुद्धि** (Intellectual property) से कई व्यापारी / बिजनेसमैन पैसा कमाते हैं, जैसे की फेस बुक, व्हाटअप्स, जीमेल इत्यादि.

आपका ब्रांड वैल्यू: जैसे की किसी मिठाई की दुकान का नाम ज्यादा है तो वो ज्यादा महंगे रेट पर मिठाई बेच सकता है, या किसी ब्यूटिशियन का नाम ज्यादा है तो वो ज्यादा पैसे चार्ज कर सकती है.

इसी तरह अगर आप के **कर्मचारी** अच्छे हैं, जो काम में अपना मन लगाते हैं, तो आपकी कमाई ज्यादा होती है. अपने कर्मचारियों का ध्यान रखें और उनको उत्पादकता बढ़ाने और अच्छा काम करने को प्रेरित करते रहे.

आपका **स्वास्थ** अगर अच्छा है तो आप ज्यादा समय तक काम कर सकते हैं. मतलब एक दिन में ज्यादा घंटे तथा पूरी ज़िन्दगी में ज्यादा साल काम कर सकते हैं. तथा जितने भी समय आप काम करेंगे उसकी गुणवत्ता अच्छी होगी एवं आपके काम का ज्यादा मूल्य मिलेगा. और इस वजह से आपकी कमाई ज्यादा होगी. अतः अपने स्वास्थ का जरूर धयान रखें.

आर्थिक जिम्मेदारी –

जो भी चीज़ आपकी जेब से पैसे निकाल रही है वो आपकी ज़िम्मेदारी है - रोबर्ट टी कियोसाकि.

बैंक ऍफ़ डी का ब्याज कई बार की महंगाई की दर से कम होता है, अतः उसको संपत्ति नहीं मान सकते. इस बारे में हम आगे भी बात करेंगे.

इसी तरह आपके **घर** पर आपको खर्चे करने होते हैं जैसे की बिजली, पानी, मेंटेनेंस चार्ज, रिपेयर, पेंट इत्यादि. इसीलिए घर आपकी सम्पति नहीं है, बल्कि ज़िम्मेदारी है. यह पढ़ने में आपको गलत लग रहा होगा लेकिन सोच कर देखें कि आप सारी ज़िन्दगी इस घर में रहेंगे. यह घर आप बेचने नहीं जा रहे और हर महीने इसमें कुछ पैसा खर्च होता है. अतः वो घर जिसमें आप रह रहे हैं वो आपकी जिम्मेदारी है न की सम्पति.

आपकी महंगी कार / गाडी : यदि आपका बिज़नेस ऐसा है कि आपको कार या गाडी की जरुरत पड़ती है तो वो आपकी संपत्ति है, नहीं तो वो आपकी जिम्मेदारी है. यदि आपने लोगों को दिखाने के लिए महंगी गाडी लोन पर ली है तो मेरी नज़र में ये बेफ़कूफी भरा निर्णय है.

यदि आपके पास कोई कमाई लायक **हुनर या शिक्षा** नहीं है तो ये भी आपकी कमाई की क्षमता कम करती है. यदि आप के अंदर कोई ख़राब आदत है, या किसी **व्यसन** की लत लगी है जैसे की शराब, ड्रग्स इत्यादि, तो यह आपका बहुत पैसा बर्बाद करती है. यदि आपका स्वास्थ अच्छा नहीं है तो भी आप अच्छी कमाई नहीं कर सकते हैं.

अध्याय 3
मेंहगाई की समझ

मेंहगाई की दर: किसी भी वस्तु या सेवा का दाम बढ़ने को मेंहगाई कहते हैं. इसका मतलब है कि कोई चीज़ अगर आज एक हज़ार रूपए की है तो अगले साल उसका दाम बढ़ जायेगा, और हो सकता है की अगले साल उस वस्तु का दाम बढ़कर रूपए 1100 हो जाए तो यह मेहगाई दर 10% होगी. मतलब आपके पैसे की वैल्यू कम हो रही है. यह मेंहगाई जितने प्रतिशत तेजी से बढ़ती है उसको मेहगाई की दर कहते हैं. उदाहरण के लिए यदि कोई वस्तु आज सौ रूपए की है, तथा एक साल बाद बाद वो एक सौ आठ रूपए की हो जाती है, तो मेंहगाई की दर आठ प्रतिशत है. आम लोगों की ज़िन्दगी में मेंहगाई की दर आठ से दस प्रतिशत है. पढ़ाई और इलाज में ये महंगाई दर और ज्यादा है.

मेंहगाई की दर हमारे निवेश वं अन्य वित्तीय निर्णय को प्रभावित करती है.

असली ब्याज दर (रियल रेट ऑफ़ रिटर्न) = आपके निवेश की ब्याज दर - मेहंगाई की दर

मेहंगाई की दर से हमारे पैसे और निवेश पर क्या असर पड़ता है? इसको एक उदाहरण से समझते हैं: यदि आप ने कहीं निवेश करा है जैसे की बैंक में ऍफ़ डी या म्यूच्यूअल फण्ड में, तो आप को साल के बाद आपका पैसा बढ़ा हुआ मिलना चाहिए. मान लीजिये की एक साल बैंक ऍफ़ डी की दर चार प्रतिशत है, और आपने एक सौ रूपए जमा करे हैं तो आपको साल के बाद एक सौ चार रूपए मिलेंगे. इसी एक साल में मेह्गाई की दर आठ प्रतिशत थी. मतलब एक साल पहले जो सामान एक सौ रूपए का था अब वो ही सामान एक सौ आठ रूपए का हो गया है. लेकिन आपका निवेश आपको केवल 4% दे रहा है, मतलब आप अपने हर साल मेहगाई से 4% पीछे हैं.

असली ब्याज दर = बैंक ऍफ़ डी की ब्याज दर (4%) - मेहंगाई की दर (8%)

असली ब्याज दर = 4% – 8%

असली ब्याज दर = - 4% ऋणात्मक चार प्रतिशत (निगेटिव)

यहाँ आपको लग रह था की आपका पैसा बढ़ रहा लेकिन वो चार प्रतिशत घाटे में चल रहा है. आपके निवेश के ब्याज तथा मेहेंगाई की दर के अन्तर को असली ब्याज दर बोलते हैं (रियल रेट ऑफ़ रिटर्न). ऊपर दिया गए उदाहरण में आपका रियल रेट ऑफ़ रिटर्न माइनस चार प्रतिशत है, मतलब आप हर साल चार प्रतिशत के घाटे में हो. रियल रेट ऑफ़ रिटर्न हमेशा धनात्मक (पॉजिटिव) होना चाहिए, यानी की आपके निवेश का ब्याज साल की महंगाई की दर से ज्यादा होना चाहिए.

बैंक ऍफ़ डी की ब्याज दर अधिकतर महंगाई की दर से कम होता है. अब आप समझ गए होंगे की अतः उसको संपत्ति नहीं मान सकते.

जीवन शैली की वजह से महंगाई Lifestyle Inflation : जैसे ही हमारी आय बढ़ती है हम अपने आप को खुश करने के लिए, और दूसरों को दिखाने के लिए मेहेंगी चीज़ें खरीदतें हैं और अपने खर्चे बढ़ा देते हैं. मान लीजिये किसी की सैलरी दस प्रतिशत बढ़ गयी तो वह अपने खर्चे पंद्रह प्रतिशत बढ़ा देता है. एक दिन पहले तक उसका इसी पैसे में खर्च चल रहा था, लेकिन कमाई बढ़ते ही तुरंत वो अपनी जीवन शैली बदल देता है. अधिकतर ये खर्चे दूसरों को दिखाने के लिए मेहेंगे कपडे, मोबाइल, गाडी, टूर ट्रेवल या पार्टी इत्यादि में खर्च होती है. कई बार इस लाइफ स्टाइल को दिखाने के चक्कर में वो लोन भी लेता है.

वास्तव में मेहंगाई नहीं बढ़ी है बल्कि उसने अचानक से महंगी जीवन शैली अपना ली है.

इसका मतलब है की मेहंगाई की दर हर व्यक्ति के लिए भिन्न भिन्न है. जो लोग समझदारी से पैसे बचाते हैं, और अपने खर्चे कम रखते हैं उनके लिए मेहंगाई की दर कम है. लेकिन जो लोग बिना सोचे समझे पैसे खर्च करते हैं उनके लिए मेहंगाई की दर ज्यादा है.

अध्याय 4
चक्रवृद्धि ब्याज एवं वित्तीय लक्ष्य का निर्धारण

चक्रवृद्धि ब्याज की ताकत: चक्रवृद्धि ब्याज दुनिया का आठवाँ आश्चर्य है. सामान्य ब्याज में आप अपने मूलधन पर ब्याज कमाते हैं लेकिन चक्रवृद्धि ब्याज में आपने जो ब्याज कमाया है अगले सालों में आप इस ब्याज पर भी ब्याज कमाते हैं. उदहारण के लिए आपने एक साल में दस हज़ार रूपए (मूलधन) किसी जगह निवेश करें, और आपको हर साल दस प्रतिशत का रिटर्न (या ब्याज) मिले तो एक साल बाद आपको एक हज़ार रूपए (ब्याज) ज्यादा मिलेंगे, और आपकी आपके पास कुल ग्यारह हज़ार रूपए हो जायेंगे. अब ये पैसे जमा रहते हैं और दुसरे साल के अंत में आपको आपके दस हज़ार रूपए (मूलधन) पर दस प्रतिशत का ब्याज मिलेगा, जो की एक हज़ार रूपए होगा. साथ ही जो एक हज़ार रूपए आपने पहले साल में ब्याज कमाए थे उस पर भी दस प्रतिशत ब्याज यानि की सौ रूपए और मिलेगा. इस तरह आपको जो ब्याज मिलता है उस ब्याज पर भी दुसरे साल के अंत में ब्याज मिलेगा और हर साल आप जो मूलधन जमा कर रहे हैं उस पर तो ब्याज मिलेगा ही. ब्याज पर ब्याज को चक्रवृद्धि ब्याज कहतें हैं शुरू में ये रकम आपको बहुत छोटी लगेगी लेकिन समय के साथ ये बहुत बड़ी रकम बन जाती है.

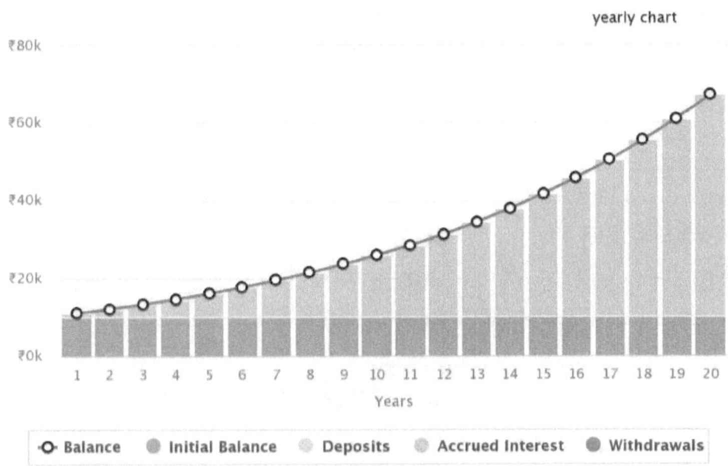

Reference:https://www.thecalculatorsite.com/finance/calculators/ compoundinterestcalculator.php

ऊपर के चार्ट में आप देखेंगे की जितना साल बीतेंगे, आपका ब्याज आपके मूलधन से कई गुना हो जायेगा. इस चार्ट में नीचे वाला हिस्सा मूलधन है और ऊपरवाला हिस्सा चक्रवृद्धि ब्याज है. इसीलिए कहते हैं की जल्दी निवेश करना शुरू करें और लम्बे समय तक के लिए निवेश करें

ये चार्ट https://www.thecalculatorsite.com/finance/calculators/ compoundinterestcalculator.php से लिया गया है और इसमें बहुत अच्छे से पावर ऑफ़ कम्पाउंडिंग (चक्रवृद्धि ब्याज) के बारे में समझ सकते हैं.

हम चक्रवृद्धि ब्याज को एक उदाहरण से देखते हैं. इस उदाहरण में दो व्यक्ति हैं व्यक्ति A जिसको की चक्रवृद्धि ब्याज के बारे में पता है तथा व्यक्ति B जिसको की चक्रवृद्धि ब्याज के बारे में नहीं पता है.

व्यक्ति को यदि 10% प्रति साल चक्रवृद्धि ब्याज मिलता है	कितने रूपए निवेश करे	कितने सालों के लिए निवेश करा	कुल कितना पैसा निवेश करा	60 साल की उम्र में कितना पैसा मिलेगा
A. व्यक्ति जिसको चक्रवृद्धि ब्याज की ताकत पता है	10000 रूपए प्रति माह 25 साल की उम्र से निवेश करता है	साठ साल की उम्र तक पैसे निवेश करता है मतलब की 35 साल	42,00,000 (42 लाख)	3,40,13,558 (3 करोड़ 40 लाख लगभग)
B. साधारण व्यक्ति (यह शुरू में निवेश पर ध्यान नहीं देता)	10000 रूपए प्रति माह 35 साल की उम्र से निवेश करता है	साठ साल की उम्र तक पैसे निवेश करता है मतलब की 25 साल	30,00,000 (30 लाख)	1,23,42,555 (1 करोड़ 23 लाख लगभग)
अंतर	व्यक्ति B 10 साल बाद निवेश करना शुरू करता है	व्यक्ति A 10 साल ज्यादा निवेश करता है	निवेश में अंतर - 12 लाख	**लाभ में अंतर - 2,16,71,003** (2 करोड़ 17 लाख लगभग)
व्यक्ति जिसको चक्रवृद्धि ब्याज की ताकत पता है तथा मेहंगाई के साथ निवेश बढ़ाने के बारे में पता है	10000 रूपए प्रति माह 25 साल की उम्र से निवेश करता है हर साल मेंहगाई की दर (6%) से निवेश बढ़ाता है	साठ साल की उम्र तक पैसे निवेश करता है मतलब की 35 साल	**कुल पैसे निवेश करे -1,33,72,182 (1.33 करोड़ लगभग)**	**कुल जमा राशि 35 साल बाद- 6,40,56,334 (6.4 करोड़ लगभग)**

ऊपर दिए गए उदाहरण से हमे पता चलता है की यदि हम लम्बे समय तक लगातार हर महीने पैसे जमा करते हैं तो काफी पैसे जमा हो सकते हैं.

वित्तीय लक्ष्य का निर्धारण कैसे करें? इसके लिए आपको चक्रवृद्धि ब्याज का फार्मूला समझना होगा. ऑनलाइन बहुत सारे कंपाउंड इंटरेस्ट (चक्रवृद्धि ब्याज) कैलकुलेटर उपलब्ध हैं जो आपके कैलकुलेशन को आराम बना देंगे, लेकिन इस फार्मूला को एक बार समझ लेने से आप अपना निवेश अच्छे से कर पाएंगे. इस फार्मूला को इस्तेमाल कर के आप अपने वित्तीय लक्ष्य निर्धारित कर पाएंगे, जैसे की आपके रिटायरमेंट के लिए पैसे जमा करना, बच्चो की पढ़ाई, शादी, विदेश घूमने का प्लान, गाडी, घर इत्यादि

$$FV = PV * (1+R/100)^N$$

FV= Future Value of money

PV= Present value of money (investment)/ Current expense

R= Interest rate/ Inflation

N= Time (number of years)

FV= फ्यूचर वैल्यू मतलब की इस वित्तीय लक्ष्य के लिए कितना पैसा भविष्य में चाहिए होगा

PV = प्रेजेंट वैल्यू मतलब की इस वित्तीय लक्ष्य के लिए आज की तारीख में कितना पैसा चाहिए होगा. उदाहरण के लिए बच्चे की इंजीनियरिंग की पढ़ाई के लिए दस लाख रूपए आज की तारीख में फीस है.

R= मेंहगाई की दर

N = समय (कितने साल के बाद - अपने लिए समय को साल में कैलकुलेट करेंगे, लेकिन ये समय दिनों या महीनो में भी हो सकता है)

यही फार्मूला ये भी बताता है की यदि आप आज कुछ पैसे निवेश करेंगे तो भविष्य में ये कितना पैसा जमा हो जायेगा

FV= फ्यूचर वैल्यू मतलब की भविष्य में कितना पैसा जमा होगा

PV = प्रेजेंट वैल्यू मतलब की आज की तारीख में इन्वेस्ट करने को कितना पैसा आप के पास है

R= हमारे निवेश पर ब्याज की दर (रिटर्न)

N = समय (कितने साल के के लिए इन्वेस्ट करा है)

इसको एक उदाहरण से समझतें हैं: मैं अपने बच्चे के ग्रेजुएशन के लिए पैसे जमा करना चाहता हूँ. मैंने कॉलेज जाकर फीस पता करी तो पता चला की इंजीनियरिंग की फीस आज की तारीख में दस लाख रूपए है. मेरा बच्चा दस साल बाद इंजीनियरिंग करेगा. मेहंगाई की दर छह प्रतिशत है, मुझे पता करना है की दस साल बाद फीस कितनी होगी?

FV = PV * (1+R/100)^n

FV= फ्यूचर वैल्यू (कितना पैसा भविष्य में चाहिए होगा)

PV = 10 lacs प्रेजेंट वैल्यू (आज की तारीख में कितना पैसा चाहिए होगा)

R = 6 मेंहगाई की दर

n= 10 समय (कितने साल के बाद)

Future value = 10,00,000 x (1+ 6/100)*10

Future value = 10,00,000 x (1+ 0.06)*10

Future value = 10,00,000 x (1.06)*10 (use x^y in calculator)

Future value = 10,00,000 x 1.79

Future value = 17,90,000

दस साल बाद मुझे 17 लाख 90 हज़ार रूपए चाहिए होंगे

अब इस लक्ष्य की प्राप्ति के लिए हमे धीरे धीरे अनुशासित ढंग से कितने पैसे जमा करना चाहिए? इसके लिए फार्मूला थोड़ा मुश्किल है. इसलिए आप ऑनलाइन SIP कैलकुलेटर का प्रयोग करें.

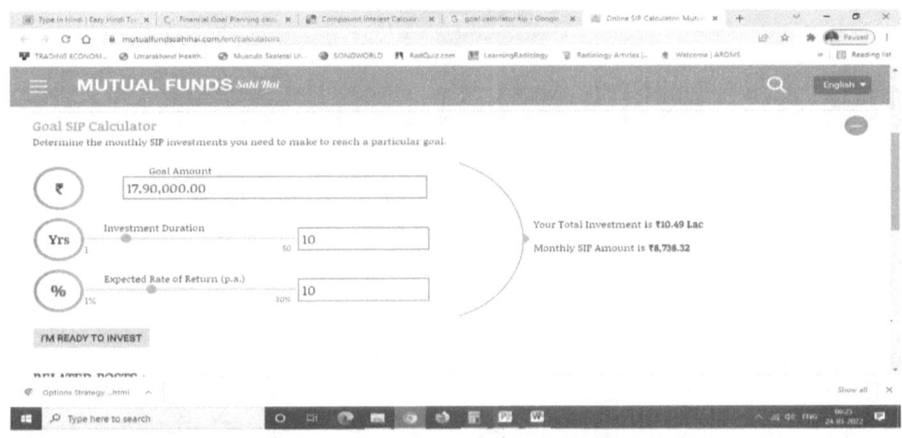

https://www.mutualfundssahihai.com/en/calculators

इस कैलकुलेटर से हमे पता चला कि रूपए 17.9 लाख इकट्ठा करने के लिए की हमें 8738 रूपए प्रति माह अगले दस साल के लिए जमा करने हैं, यदि हमे इस पर 10% ब्याज मिलता हो.

अभी तक हमने समझा की

1. पैसा जिंदगी में बहुत जरूरी है.

2. सम्पति और जिम्मेदारी में क्या अंतर है.

3. महंगाई की दर क्या है.

4. असली ब्याज दर क्या है.

5. चक्रवृद्धि ब्याज की ताकत.

6. भविष्य के लिए लक्ष्य बनाना और उसके लिए कितने पैसे निवेश करना है.

अध्याय 5
पैसे का प्रबंधन करना (फाइनेंस को मैनेज करना)

अपने पैसे (फाइनेंस) को मैनेज करने के लिए नीचे लिखे कदम उठाएं.

A) सबसे पहले तो अपने **वित्तीय लक्ष्य** लिखें. जैसे की आपको तीन साल में अपनी दुकान खरीदनी है, या पांच साल में घर बनाना है, या बीस साल में रिटायर होना है.

अब इन लक्ष्यों को तीन हिस्सों में बांटें

1. छोटी अवधि के लक्ष्य (1-3 years) - जो लक्ष्य आपको 3 साल के अंदर पाने हैं, जैसे कि अपनी दुकान खरीदनी है.

2. मध्यम अवधि के लक्ष्य (4 to 7 years) जो लक्ष्य आप को 4 से 7 साल में पाने हैं, जैसे की अपना घर बनाना है.

3. दीर्घ कालीन लक्ष्य (> 7years) जो लक्ष्य आपको 7 साल के बाद पाने हैं, जैसे की बच्चों की शादी, रिटायरमेंट के लिए पैसे जमा करना.

B) दूसरा कदम है की अपनी **सम्पति और जिम्मेदारी** (लेन देन) का ब्यौरा विस्तार से लिखें.

C) तीसरा कदम है की अपने आप को समझें कि आपको विभिन्न निवेश उत्पादों के बारे में कितनी जानकारी है और पैसा निवेश करने में आप कितना **जोखिम** ले सकते हैं.

D) चौथा कदम है की आप अपने आप को समझें कि आप पैसे निवेश करने के लिए कितने **अनुशासित** हैं.

निवेश में मुख्य जोखिम हैं की आपका पैसा (मूल धन) कम हो जाना. आप अपना पैसा कहीं भी निवेश करते हैं तो उसके कम होने की सम्भावना होती है.

निवेश में जोखिम: इस में मुख्यतया तीन भाग हैं:

1. **जोखिम लेने की क्षमता:** आपकी क्षमता इस बात पर निर्भर है की आपके पास कितने ज्यादा पैसे या सम्पति है. उदाहरण के लिए यदि कोई व्यक्ति अभी जॉब में है और पैसे कमा रहा है, और उसके एक साल का खर्च तीन लाख है, और उसके पास एक करोड़ रूपए निवेश करने के लिए है. इस एक करोड़ को निवेश करने के बाद यदि उसका पैसा पंद्रह लाख रूपए कम भी होता है तो उसको कोई परेशानी नहीं होगी. जोखिम लेने की क्षमता केवल वित्तीय नज़रिये से देखी जाती है.

2. **आप कितना जोखिम मानसिक रूप से सहन कर सकते हैं:** उदाहरण के लिए ऊपर लिखे गए व्यक्ति के पास एक करोड़ में से पांच लाख रूपए कम हो जाते हैं, और उसको बेचैनी होने लगे, दिल में दर्द होने लगे, उसको नींद आना बंद हो जाये इत्यादि, तो उस व्यक्ति की मानसिक रूप से सहन शीलता पांच प्रतिशत से भी कम है. और यदि वो बीस लाख तक के नुकसान पर भी चैन से सो सकता है तो उसकी सहन शीलता बीस प्रतिशत है.

3. **कितना जोखिम जरूरी है:** निवेश में आपका लक्ष्य है, असली ब्याज (रियल रेट ऑफ़ रिटर्न) को मेहगाई की दर से ज्यादा रखना है. यह केवल तभी संभव है जब ये पैसा आप जमीन जायदाद में सही जगह निवेश करें,या किसी अच्छी कंपनी के शेयर या इक्विटी म्यूच्यूअल फण्ड खरीदें. आप को यह ध्यान रखना है की इतना जोखिम तो आपको लेना ही पड़ेगा की आपका पैसा मेहगाई की दर से ज्यादा बढे. नहीं तो लम्बे समय में आपका पैसा कम हो जायेगा.

अध्याय 6
पैसे कमाने की समझ

लोग नीचे लिखे तरीके से पैसे कमा सकते हैं:

1. किसी की **नौकरी** करके, चाहे वो सरकारी हो या प्राइवेट और उस से हमे वेतन मिलता है.

2. अपने किसी **पेशे** (profession) में काम करके, जैसे की डॉक्टर, वकील, ब्यूटिशियन इत्यादि या छोटी दुकान चला कर.

3. अपना **बिज़नेस** (व्यापार) करके जिसमें की कुछ लोगों को नौकरी देकर उनसे अपने लिए काम कराते हैं और ये कर्मचारी व्यापारी की आमदनी करवाते हैं. जैसे की फैक्ट्री चलाने वाले या बड़ा शो रूम, माल चलाने वाले व्यापारी.

4. **निवेशक** ये लोग अपने पहले से कमाए हुए पैसे को काम पर लगाते हैं, और उससे और पैसे कमाते हैं. जैसे की बैंक में ऍफ़ डी (FD) करना, पोस्ट ऑफिस की योजनाओं, म्यूच्यूअल फण्ड या शेयर्स, जमीन जायदाद में पैसे निवेश करना.

शुरुआत कैसे करें? सबसे पहले अच्छी शिक्षा लें, या आपको कोई कौशल (हुनर या स्किल) सीखना है, जिससे की आप पैसे कमा सके. ऐसा हुनर स्किल सीखें जो आपको ज्यादा पैसे कमा कर दे सकें. यदि आप पहले से किसी पेशे, नौकरी, व्यापार में हैं तो लगातार अपने आप को बेहतर बनाते रहे. अच्छी किताबें पढ़ें, अच्छे you tube वीडियो देखें, सेमिनार्स में जाएं, ऑनलाइन या ऑफलाइन कोर्सेज ज्वाइन करें. अच्छे लोगों की संगत में रहे. जो लोग आप के पेशे में पहले ही सफलता प्राप्त कर चुके हैं उनसे दिशा निर्देशन लें.

आप किसी भी काम या नौकरी में हों, और कितना भी व्यस्त हों, फिर आज टेक्नोलॉजी के युग में आप अपने आप को बेहतर बना सकते हैं.

अपनी कमाई ज्यादा कैसे बढ़ाएं?

अपने पेशे में बेहतर बने और अपनी वैल्यू (महत्व) बढ़ा कर: ध्यान रखें की दिन में केवल 24 घंटे हैं, और और आप समय नहीं बढ़ा सकते हैं. एक समय सीमा के बाद आप ज्यादा काम नहीं कर सकते हैं, और इस लिए आप ज्यादा घंटे काम करके ज्यादा पैसे नहीं कमा सकते. इस बात पर ध्यान देना है की प्रति घंटे आपकी कमाई बढ़नी चाहिए न की ज्यादा घंटे काम करके. मेहनत करना जरूरी है लेकिन हर साल अपना 5% समय और पैसा अपने हुनर को अच्छा बनाने में खर्च करे। अपने हुनर को बेहतर बनाने की वजह से आपका महत्त्व आपके मालिक या आपके व्यापार में आपको प्रति घंटे ज्यादा पैसा कमा कर देगा.

कोई भी ग्राहक, संस्था, कंपनी, दुकान, काम देने वाला, मालिक इत्यादि आपको तभी ज्यादा पैसे देगा जब आप उसके लिए ज्यादा महत्व के होंगे, और उसके ज्यादा महत्व का काम करेंगे. इसीलिए एक अफसर को एक क्लर्क से ज्यादा पैसा मिलता है तथा एक मैनेजर को अफसर से ज्यादा पैसा मिलता है. एक ही पेशे के दो लोगों की अलग अलग फीस होती है, क्योंकि जिसका हुनर ज्यादा है, और जिसको अपने हुनर को बेचने का हुनर है, वो ज्यादा पैसे कमाता है. दो सेल्स मैंन की अलग अलग सेल्स होती है, और जिसका ज्यादा हुनर है उसकी ज्यादा कमाई होती है. इसलिए अपने हुनर को बढ़ाने के साथ उस हुनर को कैसे बेचना है और उससे कैसे पैसे ज्यादा कमाना है, इसका हुनर भी सीखें.

यदि आप अभी जवान हैं, और आपके ऊपर कोई पारिवारिक वित्तीय जिम्मेदारी नहीं है, तो आपको नौकरी की जगह बिज़नेस करने की कोशिश करनी चाहिए. जितनी मेहनत आप नौकरी में करते हैं, उसकी जगह यदि आप अपना व्यापर (बिज़नेस) बनाने में करेंगे तो अगले दस साल में आप बहुत आगे होंगे. जिन लोगों के ऊपर पारिवारिक जिम्मेदारी है उनको पहले नौकरी करनी चाहिए, लेकिन साथ ही साथ सामान बेचने की कला भी सीखते रहने चाहिए. कुछ नौकरी करने वाले पढ़े लिखे लोगों को शायद ये पढ़ कर बुरा लगेगा, लेकिन जरा सोचें की जब आप नौकरी करते हैं तो आप अपना हुनर बेचते हैं, और जो भी व्यक्ति अपने मालिक को अच्छे से अपना हुनर बेच पाता है, उसकी सैलरी ज्यादा होती है.

अपनी कमाई का दूसरा जरिया (सोत्र) पैदा करें:, सही से निवेश करने पर आपका पैसा भी (आपके बिना काम किये हुए) आपको पैसा कमा कर दे सकता है. आजकल मेह्गाई के दौर में सामान्यतः एक नौकरी की कमाई से अपने और परिवार के खर्चे चलाना मुश्किल है. अतः आपको ये कोशिश करनी चाहिए की खाली वक्त का इस्तेमाल करके आप कुछ और काम करके पैसे कमा सकें. साथ ही साथ निवेश के बारे में अच्छी किताबें पढ़ें, और सही जानकारी और समझ के साथ अपने पैसे निवेश करें, और लम्बे समय तक निवेश करके अपना पैसा बढ़ाएं.

लम्बी समय तक अच्छी कंपनी के शेयर्स, अच्छे म्यूच्यूअल फण्ड और जमीन (प्रॉपर्टी) में पैसे लगा कर उसको भी अपनी आमदनी का स्रोत बना सकते हैं

एक्टिव इनकम (सक्रिय आय) और पैसिव इनकम (निष्क्रिय आय) में अंतर

एक्टिव इनकम मतलब जब पैसे कमाने के लिए आप को काम करना पड़ता है, जैसे की नौकरी या अपनी दुकान या बिज़नेस. पैसिव इनकम मतलब की जब पैसे कमाने के लिए आप को काम नहीं करना पड़ता है. अगर आपने बैंक में ऍफ़ डी करा रखी है, तो एक साल बाद आपको कुछ ब्याज मिलेगा. इस ब्याज के लिए आपने काम नहीं किया, बल्कि आपके पैसे ने काम किया, और ये पैसिव इनकम है. सही जगह निवेश एक अच्छा तरीका है पैसिव इनकम बढ़ाने का.

कानूनी रूप से टैक्स बचाने का तरीका:

सैलरी (वेतन) लेने वाले लोगों को टैक्स काटने के बाद पैसा मिलता है और फिर वो खर्चा करते हैं.

व्यापार करने वाले लोग पहले खर्चा करते हैं, और ये खर्चे उनकी आमदनी से कम किये जाते है. इस बची हुई आमदनी पर व्यापारी टैक्स देते हैं जो की वेतनभोगी कर्मचारी की तुलना में काफी कम होता है. इसीलिए यदि आपकी परिस्थिति अनुकूल है तो जहाँ तक सम्भव हो व्यापार करने की कोशिश करें.

बैंक में सेविंग अकाउंट या बैंक बैंक ऍफ़ डी में पैसा जमा करने की तुलना में एक निवेशक को अपने शेयर मार्किट या जमीन जायदाद में निवेश के लाभ पर कम टैक्स देना पड़ता है. इसीलिए जहाँ तक संभव हो शेयर मार्किट और जमीन जायदाद की

खरीद सम्बंधित ज्ञान अर्जित करें और उन में निवेश करें, न की पैसे को केवल बैंक में रखे रहने दें.

वेतन पाने वाले कर्मचारियों के लिए कुछ तरीके हैं टैक्स बचने के जैसे की पी पी ऍफ़, डाक घर की कुछ स्कीम्स और कुछ बीमा योजनाए.

अपने पैसे मैनेज करने के लिए नीचे लिखे कदम उठाएं :

सबसे पहले हर महीने अपनी आय (इनकम) और व्यय (खर्चे) लिखें. इस से आप को पता चलेगा की आप कितने पैसे बचा सकते हैं साथ ही ये भी पता करें की कौन से खर्चे कम किये जा सकते हैं. भारत में कम से कम आप की आय का बीस प्रतिशत पैसा बचाना चाहिए. उदहारण के लिए यदि आपकी आय बीस हज़ार रूपए है तो चार हज़ार रूपए जरूर बचाएँ.

अपने फालतू के खर्चे कम करें: जैसे बाहर खाने जाना, हर छोटी सी बात पर पार्टी करना, फालतू में गाडी का पेट्रोल खर्च करना. अपनी सेहत का ध्यान न रखना और डॉक्टर और दवाई पर पैसे खर्च करना. जब आप अपने खर्चे लिखना शुरू करेंगे तो आपको पता चल जायेगा की कौन से खर्चे गैर जरूरी हैं. और आपका उनके बिना भी काम चल सकता है.

सारांश

पैसे कमाए जाते हैं - नौकरी, पेशे (profession), बिज़नेस (व्यापार), निवेश से.

अपनी वैल्यू (महत्व) बढ़ाएं

अपनी कमाई का दूसरा जरिया (सोत्र) पैदा करें

एक्टिव इनकम (सक्रिय आय) और पैसिव इनकम (निष्क्रिय आय) में अंतर समझें

अध्याय 7
वित्तीय सुरक्षा

अगला कदम है वित्तीय सुरक्षा - बीमा (insurance)

सबसे पहले इमरजेंसी (संकट) के समय के लिए कम से कम छह महीने का खर्च बैंक में जमा करें। संकट किसी भी तरह का हो सकता है, कोई बीमार हो सकता है, किसी का एक्सीडेंट हो सकता है, किसी की नौकरी जा सकती है या दुकान का काम मंदा पड़ सकता है, जैसे की कोरोना के समय में हुआ था. इस जमा पैसे में आपके रोज के खर्चे, बच्चों की फीस एवं लोन की किश्त भी शामिल है (यदि आपने कोई लोन ले रखा है तो).

अपना बीमा (insurance) करवाएं. एक आम आदमी को कम से कम एक जीवन बीमा और एक बीमा बिमारी के खर्चों के लिए मेडिक्लेम / हेल्थ इन्शुरन्स लेना चाहिए.

जीवन बीमा: (लाइफ इन्शुरन्स) जिस व्यक्ति के ऊपर परिवार की वित्तीय जिम्मेदारी है उसको अपना जीवन बीमा जरूर कराना चाहिए. जीवन बीमा पॉलिसी दो तरह की होती हैं, एक है टर्म इन्शुरन्स और दूसरे विभिन प्रकार और नाम के इन्शुरन्स है (जिसमे की एंडोमेंट प्लान, मनी बैक पालिसी, यूलिप पालिसी इत्यादि हैं). टर्म इन्शुरन्स कार या बाइक के इन्शुरन्स की तरह है, यानी की आप साल के शुरुआत में बीमा कंपनी को पैसे देते हैं, और एक साल के लिए आपका बीमा हो जाता है. यदि इस एक साल में कोई दुर्घटना होती है और गाड़ी को नुक्सान होता है, तो बीमा कंपनी गाडी ठीक करने का खर्च देगी, और यदि दुर्घटना नहीं होती है तो वो पैसा आपके काम नहीं आता है. लेकिन इस एक साल ये इन्शुरन्स आपको मानसिक शांति देता है की कल को यदि कोई दुर्घटना होती है तो हमे बीमा राशि मिल जाएगी, जो गाडी के खर्चा उठा लेगी और मेरे जेब पर कोई अतिरिक्त बोझ नहीं पड़ेगा.

कुछ इन्शुरन्स एजेंट आपको तरह तरह के बीमा बेचने की कोशिश करेंगे, और समझाने की कोशिश करेंगे की यह निवेश का अच्छा तरीका है, लेकिन आप धयान रखें की आपको बीमा और निवेश को मिलाना नहीं है. केवल असली टर्म इन्शुरन्स ही लें,

जिसमें की बीमा-किस्त वापस नहीं आती. बाकी पैसा अच्छे म्यूच्यूअल फण्ड, शेयर्स, या प्रॉपर्टी में में निवेश करिये, जो लम्बे समय में किसी भी इन्शुरन्स से ज्यादा लाभ देगा. हमे केवल और केवल टर्म इन्शुरन्स लेना है.

इसको एक उदाहरण से समझतें हैं:

एक 25 साल के आदमी को अपने लिए 20 लाख रूपए का अगले 35 साल के लिए इन्शुरन्स लेना है उसके पास दो

विकल्प हैं ।

पहला विकल्प है टर्म इन्शुरन्स जिसमें की उसको हर महीने लगभग 934 रूपए देने हैं, यानी साल के लगभग 11,200 रूपए.

दूसरा विकल्प है अन्य तरह के इन्शुरन्स जैसे की एंडोमेंट प्लान जिसमें की उसका 20 लाख का इन्शुरन्स होगा और जिसमें कुछ पैसा 35 साल बाद मिलेगा. उसको हर महीने लगभग 4,540 रूपए यानि की साल का 54,500 रूपए देने हैं और 35 साल बाद उसको लगभग 97,50,000 रूपए मिलेंगे यानि लगभग एक करोड़ रूपए. आपको लगेगा की ये तो अच्छा है, बड़ी रकम मिलेगी.

लेकिन अब हम देखते हैं की यदि केवल टर्म इन्शुरन्स लेने पर आप 54,500 – 11,200 = 43,300 रूपए हर साल बचा रहे हैं यानि की लगभग 3,600 प्रति माह. (एंडोमेंट प्लान की बीमा किस्त - टर्म इन्शुरन्स की बीमा किस्त). इस पैसे को एक साधारण निफ़्टी फिफ्टी इंडेक्स म्यूच्यूअल फण्ड में यदि आप निवेश करते हैं तो आज के हिसाब से आपको लगभग 12% औसत ब्याज हर साल मिलेगा (ये कुछ साल ज्यादा अवं कुछ साल कम होगा लेकिन लम्बे समय में अभी तक इतना लाभ मिला है). हर महीने निफ़्टी इंडेक्स फण्ड में एस आई पी करने पर इस हिसाब से आपका पैसा 35 साल में बढ़कर लगभग 1,96,70,000 होगा, यानी लगभग दो करोड़ रूपए, जो की पहले के मुकाबले दो गुना है.

आप स्वयं निर्णय लें की किस विकल्प में आपका ज्यादा फायदा है. मेरे हिसाब से केवल टर्म इन्शुरन्स लेने, और बाकी का पैसा सही से निवेश करने से आप कॉफी लाभ कमा सकते हैं. आप टर्म इन्शुरन्स किसी भी बड़ी कंपनी का ऑनलाइन आसानी

से खरीद सकते हैं. यदि इन्शुरन्स कंपनी मेडिकल टेस्ट करवाती है तो जरूर करवाएं जिससे बाद में कंपनी इन्शुरन्स क्लेम देने में आनाकानी नहीं कर सकती है. और इसी बहाने आपका एक बार हेल्थ चेक अप भी हो जायेगा.

मेडिकल बीमा: इसको मेडिक्लेम और हेल्थ इन्शुरन्स के नाम से भी जाना जाता हैं. मेडिक्लेम आपके और आपके परिवार के लिए बहुत जरूरी है इसमें बहुत सारे प्लान होते हैं, और ये उम्र बढ़ने के साथ महंगा होता जाता है. मेडिक्लेम में एक बेस प्लान होता है. बेस प्लान के बाद टॉप अप या सुपर टॉप अप प्लान होते हैं. टॉप अप और सुपर टॉप अप का प्रीमियम बेस प्लान के तुलना में कम होती है. बेस प्लान लेना जरूरी होता है. मेरी समझ में बेस प्लान और साथ में सुपर टॉप अप प्लान लेना चाहिए.

इसको एक उदाहरण से समझतें हैं:

आप 30 साल के हैं और अपने और अपनी पत्नी और दो बच्चों के लिए (पत्नी 27 साल बेटा 5 साल और बेटी 2 साल की है) 5 लाख रूपए का मेडिक्लेम लेना चाहते हैं. यदि आप केवल बेस प्लान लेते हैं, तो लगभग 9000 का प्रीमियम होगा. लेकिन यदि आप 3 लाख का बेस प्लान लेते हैं तो यह यह लगभग 6000 रूपए का होगा, और आप 2 लाख का सुपर टॉप अप प्लान लेते हैं जो लगभग 1500 रूपए का होगा, तो आप 1500 रूपए हर साल बचा सकते हैं. यह केवल एक अनुमानित प्रीमियम है. सही प्रीमियम के लिए आपको एजेंट से या ऑनलाइन हेल्प लेनी पड़ेगी.

यदि आप किसी ऐसे पेशे में हैं, जिसमे लापरवाही का आरोप लगता है, और कोर्ट में केस होता है और आपको क्षतिपूर्ति देनी पड़ती है (जैसे की चिकित्सा का पेशा), तो आप **प्रोफेशनल इन्डेम्निटी इन्शुरन्स** (क्षतिपूर्ति बीमा) जरूर लें.

इसके अलावा **दुकान एवं घर का इन्शुरन्स** भी लें.

अपने आपको ऋण से मुक्त रखें यदि घर, दूकान, या छोटे व्यापार के लिए लोन ले रखा है तो उसे जल्दी से जल्दी चुकता करें.

लाइफ इन्शुरन्स एजेंट को कितना कमिशन मिलता है

आई आर डी ऐ आई (सरकारी विभाग) के अनुसार किसी भी इन्शुरन्स एजेंट को टर्म इन्शुरन्स के बीमा किश्त से ज्यादा से ज्यादा 40% कमीशन पहले साल में एवं 10%

उसके अगले सालों में मिल सकता है. चूँकि टर्म इन्शुरन्स का प्रीमियम बहुत कम होता है, इसीलिए कमीशन भी बहुत कम होता है. अतः इन्शुरन्स एजेंट की दिलचस्पी टर्म इन्शुरन्स बेचने में नहीं होती है अन्य बीमा पालिसी में यह कमीशन 35% पहले साल में एवं 7.5% अगले सालों में आपकी किश्त से कटता है. आप स्वयं सोचें की इतना ज्यादा कमीशन होने पर आपको इन्शुरन्स पालिसी में निवेश करके फायदा कैसे मिलेगा. इसीलिए याद रखें की इन्शुरन्स पालिसी आपको जोखिम के समय मदद करने के लिए है, न की निवेश करके पैसे बढ़ाने केलिए.

सारांश

इमरजेंसी (संकट) के समय के लिए फण्ड (राशि)

जीवन बीमा: (लाइफ इन्शुरन्स)

मेडिकल बीमा

अन्य बीमा

अध्याय 8
लोन (क़र्ज़)

जहाँ तक हो सके क़र्ज़ से मुक्त रहें.

कुछ जरूरी खर्चों के लिए क़र्ज़ लेना पड़ सकता है जैसे की घर खरीने के लिए, बच्चों के लिए एजुकेशन लोन, या व्यापार करने और बढ़ाने के लिए. ऐसे क़र्ज़ को यथा संभव जल्दी से जल्दी खत्म कर दें. इन क़र्ज़ों पर जो टैक्स की छूट मिलती है उसका पूरा लाभ लें.

अपने विलासिता के लिए क़र्ज़ न लें, जैसे की महंगी गाडी, जरुरत से बड़ा घर, छुट्टी मनाने के लिए या पार्टी करने के लिए क़र्ज़. याद रखें की क़र्ज़ केवल जरूरी खर्चों के लिए होता है. यदि आप विलासिता की वस्तुओं के लिए क़र्ज़ लेंगे तो बहुत जल्द आप वित्तीय रूप से बर्बाद हो जायेंगे.

यदि आपने क्रेडिट कार्ड ले रखा है तो उसके बिल को समय पर चूका दें नहीं तो इस पर ब्याज दर बहुत ज्यादा है.

अभी तक हमने पढ़ा

वित्तीय लक्ष्य कैसे बनाने हैं.

आपका नेट वर्थ.

आपके रिस्क लेने की क्षमता.

पैसे कमाने के तरीके और बचत करना.

अपने आप को और परिवार को वित्तीय रूप से सुरक्षित रखना.

क़र्ज़ के बारे में जानकारी.

अध्याय ९
निवेश

....

निवेश - यह वित्तीय शिक्षा का सबसे प्रमुख पहलु है.

सबसे अच्छा निवेश है की आप अपने आप पर निवेश करें. अपने **स्वास्थ** पर निवेश करें. यदि आप स्वस्थ रहते हैं तो आप दिन में ज्यादा घंटे काम कर सकते हैं, तथा जितनी भी देर आप काम करेंगें उस काम की गुणवत्ता अच्छी होगी जिससे की आप ज्यादा पैसे कमा सकते हैं. स्वस्थ रहने की वजह से आप ज़िन्दगी में ज्यादा सालों तक काम कर सकते हैं और ज्यादा पैसे कमा सकते है।

इसके बाद आप अपने **स्किल (हुनर)** को बढ़ाने में निवेश करें. आप जितना ज्यादा हुनरमंद होंगे लोग आप की ज्यादा फीस या सैलरी देंगे, या आप चीज़ों को अच्छे से बेच पाएंगे और आपकी दूकान उतनी ही अच्छी चलेगी. हुनर बढ़ाने की लिए अच्छी किताबें पढ़ें, यूट्यूब वीडियोस (youtube videos) देखें, कुछ कोर्स ज्वाइन करें, किसी अपने से ज्यादा हुनरमंद के साथ काम करें. अपने मुख्य हुनर के अलावा, अपने हुनर को बेचने के बारे में, लोगों से बात करने आदि के बारे में भी सीखें. यदि आपको अपने हुनर को बेचने की कला आती है, तो आप ज्यादा पैसे कमा सकते हैं.

स्वास्थ और हुनर के साथ ही अपने रिश्तों में निवेश करना भी जरूरी है. आपके अच्छे रिश्ते आपके नींव का पत्थर होते हैं जो दिखाई नहीं देते लेकिन आपकी सफलता की ईमारत उनके ऊपर खड़ी होती है. आपके अपने परिवार में रिश्ते, दोस्तों से रिश्ते और मिलने जुलने वालों से जितने अच्छे रिश्ते होंगे, आप का बिज़नेस उतने ही अच्छे से चलेगा. अगर आप नौकरी में हैं तो भी ये अच्छे रिश्ते किसी न किसी तरह से आपको आगे बढ़ने में मदद करते हैं.

अपने हुनर में निवेश करने और उसको अच्छा बनाने के बाद आपको इस हुनर को इस्तेमाल करके अपनी **कमाई (income)** बढ़ाने के बारे में सोचना चाहिए. अपने बिज़नेस या नौकरी को अच्छे ढंग से करने के लिए कुछ जरूरी निवेश करने पड़ते हैं,

उसमे कंजूसी न करे. आप अपने हुनर को निखारने में जितना ज्यादा पैसा और समय लगाएंगे उतने ही ज्यादा आप बाद में पैसे कमा सकते हैं. यहाँ याद रखना है निवेश और गैर जरुरी खर्च में अंतर है. निवेश का मतलब है उन चीज़ों में खर्चा करना जिससे की आपकी कमाई बढ़ने की संभावना हो.

वित्तीय उत्पादों में निवेश

क्या आपको पता है कि आपका वित्तीय लक्ष्य क्या है?

आपको अगले कितने सालों में कितना पैसा चाहिए?

और उस लक्ष्य के लिए आपको अपने मूल धन पर कितना ब्याज या लाभ मिलना चाहिए?

इस लक्ष्य के लिए आपको प्रति माह कितने पैसे जमा करना चाहिए?

वित्तीय उत्पादों में निवेश करते वक्त आपको नीचे लिखी बातों का ध्यान रखना चाहिए:

मूल धन की सुरक्षा: किसी भी वित्तीय उत्पाद में पैसा निवेश करने से पहले हमे पता हों चाहिए की हमारे मूल धन का कितना नुक्सान हो सकता है. ज्यादा लाभ या ब्याज के लालच में किसी भी बेकार की स्कीम में पैसा नहीं लगाना चाहिए. केवल सुरक्षित जगह ही पैसा लगाना चाहिए.

पारदर्शिता: पारदर्शी वित्तीय उत्पाद भारत सरकार के नियंत्रण में होते हैं, और हमे केवल ऐसे वित्तीय उत्पादों में निवेश करना चाहिए जो किसी न किसी तरह सरकारी नियंत्रण में हों.

नकदी: आपका निवेश कितनी आसानी से नगद ले या दे सकता है. किसी भी मुश्किल के समय या आपका लक्ष्य पूरा होने पर आपका पैसा आसानी से और जल्दी से जल्दी वापस मिल जाना चाहिए. जैसे की बैंक में ऍफ़ डी में नकदी आप बड़े आराम से जमा कर सकते या निकल सकते हैं.

लाभ की अनिश्चितता: कुछ निवेश ऐसे होते हैं जो की निश्चित ब्याज दर या लाभ देते हैं, जैसे की बैंक में ऍफ़ डी या पोस्ट ऑफिस की कुछ स्कीम्स या पी पी ऍफ़. लेकिन

प्रायः ये निवेश मेंहगाई की दर से कम लाभ देते हैं. इनका फायदा है की ये अधिकतर सरकारी उत्पाद / योजना होती हैं और सुरक्षित होती है.

कुछ निवेश ऐसे होते हैं जिनमें लाभ की अनिश्चितता रहती है जैसे की शेयर या म्यूच्यूअल फण्ड में निवेश या प्रॉपर्टी में निवेश. इनमें मूलधन के कम होने या डूबने का खतरा रहता है. लेकिन इसमें बहुत ज्यादा लाभ पाने की भी सम्भावना होती है, और ये मेंहगाई की दर से ज्यादा लाभ देने की क्षमता रखते हैं.

आप को अपने निवेश पर जोखिम लेने की क्षमता पता होना चाहिए. सबसे जरूरी है की आप ये जानते हों कि आप कितना जोखिम मानसिक रूप से सहन कर सकते हैं.

आप वित्तीय मामलों में कितने अनुशासित हैं: आपका अच्छे निवेश उत्पाद को चुनना, तथा हर महीने उसमे निवेश करना, तथा उस निवेश में लम्बे समय तक बने रहना बहुत ही जरूरी है. और इसके लिए आपका अनुशासित होना बहुत जरूरी है. निवेश किसी आम के पेड़ की तरह होता है. आपको अच्छा बीज लगाना होता है, तथा उसकी देखभाल करनी होती है, और उसके बड़े होने तक इंतज़ार करना होता है, जो की 10 से 15 साल या और ज्यादा हो सकते हैं. यदि आप अनुशासित हैं तो कुछ दशक के बाद आपके पास इतने आम होंगे की आप दूसरों को भी दे सकते हैं, तब भी आपके पास कमी नहीं होगी.

लेकिन यदि आप अनुशासित नहीं हैं और अगर आप बीच बीच में पेड़ को तोड़ देते हैं, या निकाल देते हैं तो आप को बहुत सारे आम कभी नहीं मिलेंगे. यदि आपको जोखिम लेने वाले लेकिन ज्यादा लाभ देने वाले वित्तीय उत्पादों में निवेश करना है तो आपका अनुशासित होना बहुत जरूरी है.

यदि आप अनुशासित नहीं हैं तो आपको ऐसे उत्पादों में पैसे निवेश करने चाहिए जहाँ की आपका पैसा लम्बे समय के लिए बंध जाता है, और आप चाह कर भी पैसे नहीं निकल सकते हैं, जैसे की PPF, NPS, Sukanya Samidridhi Yojna, Senior Citizen Saving Scheme (पी पी ऍफ़, एन पी एस, सुकन्या समृद्धि योजना, सीनियर सिटीजन बचत योजना) किसान विकास पत्र (KVP) एवं कुछ इन्शुरन्स पॉलिसी (Few insurance policies), बॉन्ड्स (Bonds). लेकिन याद रखें कि प्रायः ये निवेश मेंहगाई की दर से कम लाभ देते हैं.

आप कितने लाभ की अपेक्षा / आशा करते हैं: यदि आप अपने निवेश से ज्यादा लाभ की आशा करते हैं तो आपको अपने मूल धन पर ज्यादा जोखिम लेना होता है. यदि आप जोखिम नहीं लेना चाहते हैं तो आप को सुरक्षित लेकिन कम लाभ वाले उत्पादों में निवेश करना चाहिए. यदि आप सोच समझ कर, अच्छे से जानकारी लेकर निवेश करना, और जोखिम लेना चाहते हैं, तो आप को शेयर या इक्विटी म्यूच्यूअल फण्ड में निवेश या प्रॉपर्टी में निवेश करना चाहिए जहाँ आपका निवेश बहुत ज्यादा लाभ दे सकता है.

निवेश की कीमत: किसी भी निवेश उत्पाद के लिए हमें कुछ पैसे खर्च करने होते हैं. ये पैसे एजेंट्स या निवेश बेचने वाले व्यक्ति एवं उसकी संस्था के खर्चों एवं कमीशन के लिए चाहिए होते हैं. ये खर्च आपके निवेश किये हुए पैसे में से कटता है. आप जितने पैसे जमा करते हैं उसमें से कुछ पैसे कट कर बाकी पैसों का निवेश होता है. यदि ये कीमत / खर्च ज्यादा हुआ तो आपको निवेश का अच्छा लाभ नहीं मिलता जैसे की कुछ इन्शुरन्स पालिसी और रेगुलर म्यूच्यूअल फंड्स में होता है. इसीलिए निवेश करते वक्त निवेश उत्पाद की कीमत का ध्यान रखें.

टैक्स: अधिकतर वित्तीय निवेश के उत्पाद में निवेश करने के बाद मिले हुए लाभ पर टैक्स लगता है. केवल कुछ ही उत्पाद हैं जिन में निवेश करने पर आपको टैक्स में बचत होती है तथा पैसे निकलते समय टैक्स नहीं लगता है जैसे कि पी पी ऍफ़ (PPF). निवेश करने से पहले टैक्स का भी ध्यान रखना चाहिए क्योंकि ये टैक्स आपके लाभ को कम कर देता है. हमे ये कोशिश करनी चाहिए की कानूनी रूप से टैक्स कम से कम देना पड़े या ना देना पड़े.

वित्तीय रिकॉर्ड सही से लिखना और संभाल कर रखना : वित्तीय सुरक्षा एवं भविष्य में वित्तीय स्वतंत्रता के लिए रिकार्ड्स को सही से लिखना एवं उन्हें संभाल कर रखना जरूरी है. साथ ही विभिन्न प्रकार के टैक्स एवं बैंक के लेखा जोखा के लिए ये बहुत जरूरी है. रिकॉर्ड रखने और उसको हर साल जाँच करने से आपको ये पता चलेगा की आपका निवेश उत्पाद सही से काम कर रहा है या नहीं, और आपको उचित लाभ मिल रहा है या नहीं. इस तरह से आप बेकार उत्पाद को हटाकर अच्छे निवेश उत्पाद में और पैसा डाल कर अपना लाभ बढ़ा सकते हैं.

सारांश

निवेश –स्वास्थ, स्किल (हुनर), रिश्तों में निवेश

वित्तीय उत्पादों में निवेश में ध्यान रखने योग्य बातें

मूल धन की सुरक्षा

पारदर्शिता

नकदी

लाभ की अनिश्चितता

निवेश की कीमत

टैक्स

अनुशासन

लाभ की अपेक्षा

वित्तीय रिकॉर्ड

अध्याय 10
निवेश के विभिन्न उत्पाद

अपने पैसे को सुरक्षित एवं निश्चित ब्याज / लाभ मिलने के लिए आपके पास बहुत सारे विकल्प हैं जिनमे से कुछ सुलभ विकल्प नीचे दिए गए हैं

निश्चित लाभ देने वाले वित्तीय उत्पाद

बैंक सेविंग अकाउंट (खाता): भारत में बैंकों में पैसा जमा करने पर कुछ ब्याज मिलता है.

बैंक ऍफ़ डी / आर डी एवं कम्पनी ऍफ़ डी: भारत में बैंकों में लम्बे समय तक पैसा जमा करने पर कुछ ब्याज मिलता है. कुछ कंपनी भी अपने ऍफ़ डी निकलते हैं जिनमे बैंक से ज्यादा ब्याज मिलता है, लेकिन जोखिम ज्यादा रहता है. केवल बहुत बड़ी कंपनी के सुरक्षित ऍफ़ डी ही लें.

पोस्ट ऑफिस स्कीम्स: पोस्ट ऑफिस बहुत सारे विकल्प देता है जैसे की सेविंग अकाउंट, ऍफ़ डी, आर डी, नेशनल सेविंग सर्टिफिकेट, किसान विकास पत्र, इन्शुरन्स पालिसी. इन सब की जानकारी आपको पोस्ट ऑफिस की वेबसाइट या नज़दीकी पोस्ट ऑफिस से मिल जाएगी.

पी पी ऍफ़ (पब्लिक प्रोविडेंट फण्ड) पी पी ऍफ़ एक ऐसा उत्पाद है जिसमें टैक्स बचाने का सबसे ज्यादा मौका है. जब आप पी पी ऍफ़ में पैसा जमा करते हैं तो इनकम टैक्स 80 सी में 1.5 लाख तक टैक्स रिबेट ले सकते हैं एवं जब 15 साल बाद आप ये पैसा निकाल सकते हैं, और इस समय इस पर कोई टैक्स नहीं लगेगा. कोई क़ानूनी कार्यवही या विवाद होने पर भी सरकार भी किसी तरह ये पैसा आप से नहीं ले सकती है.

कुछ और स्कीम्स हैं जिसमे की निश्चित लाभ मिलता है जैसे की सीनियर सिटीजन सेविंग स्कीम, सुकन्या समृद्धि योजना, बॉन्ड्स. लेकिन जो भी उत्पाद निश्चित लाभ देगा उसका लाभ प्रायः महंगाई की दर से कम होता है.

सारांश

निश्चित लाभ देने वाले वित्तीय उत्पाद

बैंक सेविंग अकाउंट (खाता)

बैंक ऍफ़ डी / आर डी एवं कम्पनी ऍफ़ डी

पोस्ट ऑफिस स्कीम्स

पी पी ऍफ़ (पब्लिक प्रोविडेंट फण्ड)

सीनियर सिटीजन सेविंग स्कीम, सुकन्या समृद्धि योजना, बॉन्ड्स, अन्य

अनिश्चित लाभ देने वाले वित्तीय उत्पादः इन उत्पादों में लाभ और हानि दोनों की सम्भावना रहती है, लेकिन अगर इन उत्पादों को सही से चुना जाए तो लम्बे समय में ये हमें मेंहगाई की दर से ज्यादा लाभ देते हैं, और हमें अमीर बना सकते हैं. ये उत्पाद हैं - अच्छी कंपनी के शेयर, अच्छे इक्विटी म्यूच्यूअल फण्ड, सही से चुनी हुई जमीन जायदाद (अचल संपत्ति).

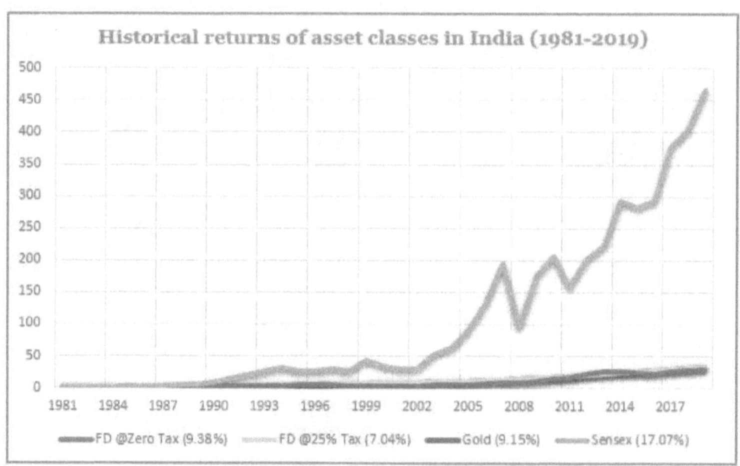

asset-returns-nominal.png (601×377) (viniyogindia.com)

ViniyogIndia के इस चार्ट में हम ये देखते हैं की विभिन्न वित्तीय उत्पादों में हमे लम्बे समय में कितना लाभ मिल सकता है.

जैसा की इस चार्ट में हम देख सकते हैं की लम्बे समय में सबसे ज्यादा लाभ शेयर्स ही देते हैं (सबसे ऊपर वाली लाइन). सोना जो की ऍफ़ डी से थोड़ा ज्यादा लाभ देते हैं अगले नंबर पर है. तीसरे नंबर पर बैंक ऍफ़ डी है।

https://top10stockbroker.com/risk-management/risk-return-tradeoff/

https://top10stockbroker.com/ का ये चार्ट हमे ये दिखाता है की हम जितना ही अनिश्चित लाभ की तरफ बढ़ते हैं, हमारा जोखिम भी बढ़ता है और ज्यादा लाभ कमाने की सम्भावना भी बढ़ती है. हमें हमेशा अपने जोखिम लेने की क्षमता, और वित्तीय उत्पाद की समझ के हिसाब से ही किसी वित्तीय उत्पाद में अपना पैसा निवेश करना चाहिए. किसी भी एजेंट, या जान पहचान, या टेलेविज़न और सोशल मीडिया की सलाह पर अपना पैसा निवेश नहीं करना चाहिए.

सारांश

अनिश्चित लाभ देने वाले वित्तीय उत्पाद

अच्छी कंपनी के शेयर,

अच्छे इक्विटी म्यूच्यूअल फण्ड,

सही से चुनी हुई जमीन जायदाद (अचल संपत्ति),

सोना.

निवेश के विभिन्न उत्पाद

अच्छे इक्विटी म्यूच्यूअल फण्ड,

सही से चुनी हुई जमीन जायदाद (अचल संपत्ति),

सोना.

अध्याय 11
शेयर की समझ

शेयर क्या होता है?

कुछ कम्पनी अपने बिज़नेस को बढ़ाने के लिए बैंक से लोन लेने की जगह लोगों से पैसे लेती है, और कंपनी में उसके दिए गए पैसे के अनुपात में उसे कम्पनी की हिस्सेदारी देती है, और उसको शेयर कहते हैं. यदि आप ने कम्पनी के शेयर लिए हैं और यदि कम्पनी लाभ कमाती है तो जिस अनुपात में आपने शेयर लिए हैं उसी अनुपात में आपको लाभ का हिस्सा मिलता है, लेकिन यदि कंपनी को नुक्सान होता है तो आप को भी उसी अनुपात में नुकसान होता है.

किसी अच्छी कंपनी के शेयर मुनाफा कैसे देते हैं?

कोई भी कंपनी या तो कुछ उत्पाद बनाती है जैसे की कार बनाना, या सेवा देती है जैसे की टेलीफोन इंटरनेट की सेवा, बैंक की सेवा इत्यादि। ये कंपनी हमारे जीवन को आसान बनाने का काम करती है, जिससे की हम उसको पैसे देते हैं. ये कंपनी हमेशा अपने ग्राहकों को ध्यान में रख कर काम करती है और साथ ही अपने मुनाफे के लिए सोचती है, और उसके लिए मेहनत करती है. लोगों को नौकरी पर रखती है, और ग्राहकों को उत्पाद एवं सेवा देती है. उदाहरण के लिए पेट्रोल एक उत्पाद है और हम उसका इस्तेमाल करते हैं। जो भी कंपनी पेट्रोल को ज़मीन के अंदर से निकालने, या उसको हमारे तक पहुंचाने का काम करती है हम उसको पैसे देते हैं, जिससे की कंपनी अपने खर्चे चलाता है और लाभ कमाता है. ऐसे ही जो कंपनी अपनी सेवा देकर हमारी ज़िन्दगी आसान बनती है जैसे की व्हाट्सप्प (Whatsapp). वो हमसे पैसा कमाती है और लाभ कमाती है. या फिर इंटरनेट की सेवा देने वाली कंपनी हमे सुविधा देती है और पैसे कमाती है. यदि हम इस कंपनी में अपना पैसे निवेश करते हैं तो कंपनी के लाभ में कुछ लाभ हमे भी मिलता है. ध्यान रखने योग्य बात ये है की यदि कंपनी घाटे में जाती है तो हमे भी घाटा होता है.

कोई भी अच्छी कंपनी के शेयर लम्बी अवधि में निवेश करने पर हमे लाभ कैसे देती है ?

किसी भी कंपनी को अपना उत्पाद सामान या सेवा बनाने उसकी मार्केटिंग और विज्ञापन करने, नए ग्राहक बनाने और सामान या सेवा बेचने, और उससे लाभ कमाने में काफी समय लगता है. यदि आप शेयर की कीमत देखेंगे तो वह हर दिन बढ़ती घटती रहती है। यह शेयर मार्किट के ट्रेडर्स की वजह से होता है और ये कंपनी की सही स्थिति नहीं बताती है. लेकिन किसी भी अच्छी कंपनी का शेयर की कीमत लम्बे समय में ऊपर ही बढ़ती है और ऐसी कंपनी में निवेश कर के हमे लाभ होता है. जिस भी किसी व्यक्ति की कंपनी होती है उसको प्रमोटर कहते है। यह प्रमोटर अपना पैसा कंपनी में लगाते हैं, और कंपनी को और बड़ा करने के लिए लोन लेते हैं. यह हर साल लोन की ब्याज दर से ज्यादा पैसा कमाने और अपने अच्छे लाभ का लक्ष्य रखते हैं. यह लाभ कमाने में कंपनी को कुछ साल लगते हैं. साथ ही हर कंपनी के कुछ साल अच्छे होते हैं, और कुछ अच्छे नहीं होते हैं इसी वजह से उनका लाभ भी ऊपर नीचे होता रहता है. यदि हम ऐसी किसी कंपनी में निवेश करते हैं तो हमे भी इस लाभ का एक हिस्सा मिलता है.

छोटी अवधि जैसे कुछ महीने या साल में हमे कंपनी के प्रदर्शन का पता नहीं लगता. इस समय कंपनी बड़ी हो रही होगी, कुछ लोन होंगे. कुछ कम्पनी में लोग अच्छे नहीं होंगे और धोखेबाज़ होंगे और कंपनी में हेरा फेरी कर रहे होंगे जिससे कम्पनी की स्थिति ख़राब हो रही होगी. इसीलिए कम समय में हमे सही स्थिति का पता नहीं लगता. हो सकता है की कंपनी नुकसान में हो और उसके मालिक ये छिपा रहे हों. यदि कोई कंपनी लगातार कुछ सालों तक अच्छा प्रदर्शन कर रही है और लाभ कमा रही है, तो सम्भावना है वो कंपनी आगे भी अच्छा प्रदर्शन करेगी. इसीलिए नयी कंपनी में निवेश करने से बचें जिसका लम्बे समय का रिकॉर्ड उपलब्ध न हो.

शेयर्स में अपने आप से निवेश करना

यह करने के लिए आप को नीचे लिखी बातों की समझ होनी चाहिए

1.   दुनिया की एवं अपने देश की आर्थिक व्यवस्था एवं परिस्थिति की समझ.

2. जिस सेक्टर (क्षेत्र) में आप निवेश कर रहे हैं उसकी समझ, जैसे की आई टी इंडस्ट्री में निवेश के लिए तो उसकी समझ.

3. इसके बाद जिस कंपनी में आप निवेश कर रहे हैं उस कंपनी की वित्तीय स्थिति तथा कंपनी से जुडी अन्य जानकारी.

4. याद रखें की किसी एक कंपनी या सेक्टर में निवेश करने से आपका जोखिम बढ़ जाता है, इसीलिए अपना पैसा विभिन्न प्रकार की कंपनी में निवेश करें.

5. हमेशा ये निवेश लम्बे समय, कम से कम दस सालों के लिए निवेश करें.

<h1 style="text-align:center">अध्याय 12
म्यूच्यूअल फंड्स</h1>

म्यूच्यूअल फंड्स - शेयर मार्किट में निवेश करने का अप्रत्यक्ष तरीका

हमारे और आपके जैसे बहुत सारे निवेशक होते हैं, और उनका पैसा मिला कर एक बड़ी रकम इक्कठा होती है जिसको की फण्ड बोलते हैं, और ये रकम करोड़ों में होती है.

हमारा ये पैसा एक शेयर मार्किट के विशेषज्ञ के पास रहता है जिसको फण्ड मैनेजर कहते हैं. ये फण्ड मैनेजर विभिन्न प्रकार के शेयर्स की समझ रखते हैं और हमारे पैसे से शेयर्स खरीदतें हैं. और यदि इस शेयर्स में लाभ होता है तो हमें भी लाभ होता है.

सिप (SIP) Systematic Investment Plan - सिस्टमैटिक इन्वेस्टमेंट प्लान - म्यूच्यूअल फंड्स में निवेश करने का एक आसान तरीका है. इसमें एक निश्चित रकम एक निश्चित अवधि में जमा करते हैं, जैसे की एक हज़ार रूपए प्रति माह.

सिस्टमैटिक इन्वेस्टमेंट प्लान एक अनुशासन बनाये रखने का अच्छा तरीका है. इससे आप बाजार के ऊपर नीचे होने के डर से बाहर रहते हैं और लम्बे समय में एक बड़ी रकम इकट्ठा कर पाते हैं.

इक्विटी म्यूच्यूअल फण्ड अपने आप ही आप का पैसा विभिन्न प्रकार के सेक्टर और शेयर्स में लगाता है.

इक्विटी म्यूच्यूअल फण्ड मैनेजर शेयर्स में पैसा लगाते हैं इसीलिए इसमें भी शेयर मार्किट का जोखिम है. इसलिए अच्छा इक्विटी म्यूच्यूअल फण्ड चुनना चाहिए जो की पिछले कुछ सालों से लगातार अच्छा लाभ दे रहा हो.

म्यूच्यूअल फंड्स के प्रकार

मूलतया दो तरह के म्यूच्यूअल फण्ड होते हैं. पहला इक्विटी म्यूच्यूअल फण्ड जो की हमारा पैसा शेयर अवं कमोडिटी में निवेश करता है, जिसमें की जोखिम शामिल

है. दूसरा है डेब्ट म्यूच्यूअल फण्ड जो प्रायः बांड्स में निवेश करता है, और जो की अपेक्षाकृत सुरक्षित माना जाता है. अन्य सभी म्यूच्यूअल फण्ड इन दोनों को विभिन्न अनुपात में मिला जुला कर बनाये जाते हैं, और उनको एक अलग नाम दिया जाता है

इक्विटी म्यूच्यूअल फंड्स स्कीम्स या प्लान

सरकारी नियमों के अनुसार इस स्कीम में न्यूनतम 65% पैसा कंपनी के शेयर्स में निवेश करना होता है

इक्विटी स्कीम्स या प्लान के म्यूच्यूअल फण्ड का वर्गीकरण समझने के लिए पहले शेयर्स के बारे में कुछ बुनियादी बातें समझनी पड़ेगी. किसी भी स्टॉक (शेयर) का एक बाज़ारी मूल्य होता है (CMP - करंट मार्किट प्राइस / शेयर प्राइस). उदाहरण के लिए रिलायंस इंडस्ट्री लिमिटेड का शेयर प्राइस लगभग 2500 रूपए है. मतलब एक शेयर खरीदने के लिए मुझे 2500 रूपए देने पड़ेंगे. रिलायंस इंडस्ट्री के आउट स्टैंडिंग शेयर्स हैं - मतलब जो शेयर मार्किट में शेयर्स हैं और जो कम्पनी के लोगों के पास शेयर्स हैं उन सबको मिला कर आउट स्टैंडिंग शेयर कहते हैं.

कंपनी का मार्किट कैप = नंबर ऑफ़ आउट स्टैंडिंग शेयर x शेयर प्राइस (एक शेयर की कीमत)

उदाहरण के लिए रिलायंस इंडस्ट्रीज लिमिटेड का मार्किट कैप लगभग 17 लाख करोड़ रूपए है

इस मार्किट कैप के आधार पर सेबी (SEBI) ने कंपनी को विभिन्न श्रेणी में वर्गीकृत किया है

लार्ज कैप कंपनी - मार्किट कैप के हिसाब से ऊपर की 100 कंपनी (top 100 companies). जो म्यूच्यूअल फण्ड इन बड़ी कंपनी में पैसा निवेश करते हैं उनको लार्ज कैप म्यूच्यूअल फण्ड कहते हैं.

मिड कैप कंपनी - मार्किट कैप के हिसाब से 101 से 250 तक कंपनी (rank 101 to 250). जो म्यूच्यूअल फण्ड इन बड़ी कंपनी में पैसा निवेश करते हैं उनको मिड कैप म्यूच्यूअल फण्ड कहते हैं.

स्माल कैप कंपनी - मार्किट कैप के हिसाब से 251 से नीचे कंपनी (rank 250 and below). जो म्यूच्यूअल फण्ड इन बड़ी कंपनी में पैसा निवेश करते हैं उनको स्माल कैप म्यूच्यूअल फण्ड कहते हैं.

मल्टी कैप म्यूच्यूअल फण्ड किसी भी श्रेणी की कंपनी में पैसा निवेश कर सकते हैं.

इक्विटी लिंकेड सेविंग स्कीम ये म्यूच्यूअल फण्ड टैक्स बचाने के लिए होते हैं और सेक्शन 80C के अंतर्गत आप इसमें टैक्स बचा सकता हैं. ये म्यूच्यूअल फण्ड प्रायः लार्ज कैप कंपनी में निवेश करते हैं

डेब्ट म्यूच्यूअल फंड्स स्कीम या प्लान

म्यूच्यूअल फण्ड केवल कंपनी में निवेश नहीं करते है। कुछ म्यूच्यूअल फण्ड कम लाभ लेकिन पैसे की और अधिक सुरक्षा के लिए बांड्स में निवेश करते हैं. विभिन्न संस्थाएं ये बांड्स जारी करती हैं जैसे की बैंक, सार्वजनिक क्षेत्र की कंपनी जैसे की NHAI, NTPC, सरकारी बांड्स, आर बी आई के द्वारा और कुछ प्राइवेट कंपनी. ये बांड कुछ महीनो से लेकर कुछ साल के लिए होते हैं जैसे की 3 महीने से लेकर 40 साल तक.

हाइब्रिड म्यूच्यूअल फंड्स स्कीम या प्लान ये म्यूच्यूअल फंड्स शेयर्स और बांड्स दोनों में निवेश करते हैं

सॉल्यूशन ओरिएंटेड स्कीम्स हमारी जिंदगी के विभिन्न लक्ष्य के लिए कुछ म्यूच्यूअल फंड्स स्पेशल स्कीम्स निकालती हैं जैसे की रिटायरमेंट प्लान, चिल्ड्रन प्लान. मेरी अपनी समझ से इन म्यूच्यूअल फण्ड में निवेश न करके किसी अच्छे इक्विटी म्यूच्यूअल फण्ड में निवेश करना चाहिए.

अन्य स्कीम्स

इंडेक्स फंड्स - ये म्यूच्यूअल फण्ड विभिन्न प्रकार के इंडेक्स में निवेश करते हैं जैसे की निफ़्टी 50 या निफ़्टी आई टी इंडेक्स. जिन लोगों को सरल समाधान चाहिए उनके लिए निफ़्टी इंडेक्स म्यूच्यूअल फंड्स एक आसान और अच्छा विकल्प है.

इ टी ऍफ़ - एक्सचेंज ट्रेडेड फंड्स: ये फंड्स भी विभिन्न इंडेक्स की कंपनी में उसी अनुपात में निवेश करते हैं जिस अनुपात में ये कंपनी इंडेक्स में होती है। उदाहरण के

लिए यदि रिलायंस कंपनी निफ़्टी 50 इंडेक्स में 7% है तो आपके निवेश किये हुए 100 रूपए में से 7 रूपए रिलायंस कंपनी के शेयर्स में निवेश करे जायेंगे. ये म्यूच्यूअल फण्ड की तरह ही होते हैं लेकिन इन पर म्यूच्यूअल फण्ड की तरह कमीशन नहीं देना पड़ता.

अंतरराष्ट्रीय शेयर मार्किट में इन्वेस्ट करने वाले म्यूच्यूअल फंड् : ये आपका पैसा विभिन्न देशों की कंपनी के शेयर्स में निवेश करती हैं.

सारांश

म्यूच्यूअल फंड्स - शेयर मार्किट में निवेश करने का अप्रत्यक्ष तरीका

सिप (SIP)

इक्विटी म्यूच्यूअल फंड्स स्कीम्स या प्लान

लार्ज कैप कंपनी

मिड कैप कंपनी

स्माल कैप कंपनी

मल्टी कैप म्यूच्यूअल फण्ड

इक्विटी लिंकेड सेविंग स्कीम

डेब्ट म्यूच्यूअल फंड्स स्कीम या प्लान

हाइब्रिड म्यूच्यूअल फंड्स स्कीम या प्लान

सॉलूशन ओरिएंटेड स्कीम्स

इंडेक्स फंड्स

इ टी ऍफ़ - एक्सचेंज ट्रेडेड फंड्स

अंतरराष्ट्रीय शेयर मार्किट में इन्वेस्ट करने वाले म्यूच्यूअल फंड्

अध्याय 13
सोना में निवेश

. . . .

सदियों से सोना एक संपत्ति की तरह प्रयोग होता आया है और आज भी बुरे वक्त में काम आता है. सोने में निवेश करने से लम्बी अवधि तक निवेश करने में लाभ होता है. कम अवधि में सोने का मूल्य नीचे भी जा सकता है. शेयर्स और जमीन (प्रॉपर्टी) में सोने की तुलना में लम्बे समय में ज्यादा लाभ देते हैं

सोने में निवेश करने से पहले ये जान लें की आप क्यों निवेश करना चाहते हैं और कितने समय तक निवेश करना चाहते हैं?

सोने में निवेश करने के तरीके

धातु के रूप में जैसे की गहने: इनमे बनवाने का खर्च (making charges) का खर्च और टैक्स लगता है. साथ इसके चोरी जाने का खतरा रहता है. गहने पहनने के लिए या बच्चों को गिफ्ट देने के लिए अच्छे हैं, लेकिन गहने को एक निवेश की तरह नहीं देखा जाना चाहिए.

धातु के रूप में जैसे की सोने के सिक्के या बिस्कुट: ये निवेश के हिसाब से गहने से बेहतर विकल्प है लेकिन इसमें भी खर्चे ज्यादा हैं और इसको संभाल कर रखना पड़ता है.

गोल्ड म्यूच्यूअल फण्ड: इसमें निवेश करना आसान है और इसको आसानी से शुरू कर सकते हैं लेकिन इसमें भी खर्चे ज्यादा हैं.

गोल्ड इ टी ऍफ़ ये भी म्यूच्यूअल फण्ड की तरह है जिसका खर्चा म्यूच्यूअल फण्ड से कम है

ऊपर लिखे सभी तरीकों में जब आप सोना वापस बेचने जायेंगे तो आप को जो भी लाभ इतने सालों में हुआ है उस पर कैपिटल गेन टैक्स देना पड़ेगा.

सॉवरेन गोल्ड बॉन्ड (Sovereign Gold Bonds) भारत सरकार की ओर से भारतीय रिज़र्व बैंक (RBI) द्वारा जारी सरकारी बॉन्ड हैं जो की रिज़र्व बैंक ऑफ़ इंडिया जारी करती है. इसीलिए ये सुरक्षित माने जाते हैं. ये बांड्स 8 साल के लिए होते हैं, जिसके बाद आप इसको रिज़र्व बैंक को वापस कर के उस समय में जो भी सोने की कीमत हो उतना पैसा आप को मिल जायेगा. साथ ही हर साल इस पर ढाई प्रतिशत (2.5%) सालाना ब्याज मिलता है. इसको आठ साल पूरे होने के बाद बेचने समय कोई भी कैपिटल गेन टैक्स नहीं लगता है. इसमें आप को एक समय पर कम से कम एक ग्राम सोना खरीदना पड़ता है. ये सरकारी बॉन्ड साल में अलग अलग समय पर जारी होता है.

अध्याय 14
ज़मीन जायदाद / रियल एस्टेट में निवेश

रियल एस्टेट भी लम्बे समय में मेंहगाई को मात दे सकती है और आपको बड़ा लाभ दे सकती है. यहाँ पर हम अपने घर की बात नहीं कर रहे. हम केवल निवेश के लिए खरीदी जाने वाली रियल एस्टेट के बारे में बात कर रहे हैं. रियल एस्टेट में पैसा निवेश करने से पहले नीची लिखी बातों का ध्यान रखें:-

स्थान / लोकेशन: जमीन जायदाद चुनते समय यह सबसे महत्वपूर्ण है. यदि आपको किराये पर देना है तो यह फ्लैट या मकान किसी बड़ी कंपनी, संस्थान, रेलवे स्टेशन, बस स्टेशन, मेट्रो स्टेशन जैसी जगह के पास होनी चाहिए. बाद में बेचने के हिसाब से भी ऐसी जगह पर उसकी कीमत ज्यादा बढ़ेगी और आपको ज्यादा लाभ होगा.

लागत और मूल्य (कॉस्ट एंड वैल्यू): घर या फ्लैट लेते समय पहले ये समझने की कोशिश करें की उसको बनाने में कितना खर्चा आया होगा, या उस जमीन की असली कीमत क्या है. अधिकतर समय प्रॉपर्टी डीलर्स उसका मूल्य बहुत ज्यादा बताते हैं. चूँकि यह एक बड़ा खर्चा है और आप 5% भी बचाते हैं तो ये बड़ी रकम होगी.

आप ये भी समझने की कोशिश करें की आप ये रियल एस्टेट केवल निवेश के लिए ले रहे हैं, या किराये पर उठाने के लिए ले रहे हैं?

आप ये रियल एस्टेट /जायदाद कितने साल तक के लिए ले रहे हैं?

इस जायदाद से आपको कितनी कमाई होगी?

उसके रख रखाव करने पर कितना खर्चा लगेगा?

और भविष्य में बेचने पर कितना मुनाफा होगा?

मेरी समझ से फ्लैट से ज्यादा जमीन या जमीन के साथ बने हुए घर में निवेश करने में ज्यादा फायदा है. फ्लैट की कीमत पहले तो बढ़ती है, लेकिन लम्बे समय में

अधिकतर ये कीमत बढ़ना बंद हो जाती है, लेकिन जमीन की कीमत प्रायः बढ़ती ही रहती है.

जमीन जायदाद में धोखेबाज़ बहुत हैं अतः आप उसके कागज़ किसी अच्छे वकील को दिखा लें, और सब कुछ सही होने पर ही वो रियल एस्टेट खरीदें.

अध्याय 15
सेवा-निवृत्ति की योजना
(रिटायरमेंट प्लानिंग)

रिटायरमेंट का मतलब है की लम्बे समय तक आप के लिए कहीं से खर्चों के लिए लगातार पैसे उपलब्ध हों, और इन पैसो के लिए आप को काम न करना पड़े (निष्क्रिय आय). या आप काम करने की हालत में न हों. अधिकतर ऐसा 60 साल में नौकरी पूरा करना पर होता है, लेकिन ये किसी भी कारण से पहले हो सकता है.

रिटायरमेंट की प्लानिंग में आपको नीचे लिखी बातें ध्यान में रखनी हैं

1. **दीर्घायु** होने के कारण ज्यादा पैसे की जरूरत पड़ेगी. दिन बा दिन अच्छी दवाई, अच्छा खाना और सेहत का ध्यान रखने की वजह से लोगों की औसत उम्र बढ़ गयी जो की भारत में अभी लगभग 67 साल है. जो लोग अपना अच्छा ध्यान रखतें हैं वो आराम से 90 साल जीवित रहेंगे इन ज्यादा दिनों के लिए आपको अपने खर्चों की प्लानिंग करनी पड़ेगी.

2. **मेंहगाई की दर:** मेंहगाई की वजह से आपको हर साल पहले से ज्यादा पैसे की जरुरत पड़ेगी.

3. **स्वास्थ:** समय के साथ आपका अपने आपको स्वास्थ रखने में ज्यादा पैसा खर्च होगा.

4. **शौक:** आपके अपने खाली समय को इस्तेमाल करने के लिए कुछ शौक होंगे और जिन पर पैसा खर्च होगा.

5. **निष्क्रिय आय का सोत्र:** ये आपकी पेंशन से आ सकता है या आपके खुद के इक्कठा किये पैसे से.

6. **रिटायरमेंट के समय आपकी संपत्ति अवं दायित्व:** यह बहुत महत्त्वपूर्ण है और आपके पास कोई दायित्व नहीं होने चाहिए और समुचित मात्रा में सम्पति होनी चाहिए.

रिटायरमेंट की तैयारी कैसे करें?

पैसे की समझ बढ़ाएं - ये आसान है.

आज से शुरू करें रिटायरमेंट प्लानिंग को को अपनी प्राथमिकता बनाएं. रिटायरमेंट के लिए अभी से पैसे जमा करना शुरू करें.

रिटायरमेंट के लिए कितना पैसा चाहिए? वैसे तो रिटायरमेंट में कितना पैसा चाहिए होगा ये बताना मुश्किल है. लेकिन मोटे तौर पर यदि आपकी रिटायरमेंट कि उम्र ६० साल है और यदि आपकी उम्र 90 साल मानी जाये तो रिटायरमेंट के समय जो आपको सालाना खर्च होगा, उसका कम से कम 30 गुना पैसा आपको चाहिए होगा. उदाहरण के लिए यदि रिटायरमेंट के वक़्त आपका खर्चा 5 लाख रूपए प्रति साल है तो आपको लगभग 5 x 30 = 150 लाख यानी 1.5 करोड़ रूपए चाहिए होंगे.

विभिन्न आय के स्रोत बनाएं जैसे की आपकी अपनी नौकरी या बिज़नेस, शेयर मार्किट में सही से निवेश, मकान या दुकान का किराया, बैंक में ऍफ़ डी का ब्याज, कोई पार्ट टाइम जॉब इत्यादि.

आपके पास कितनी सम्पति और कितनी जिम्मेदारी है इसका हिसाब रखें.

टोकरी कार्यनीति - बकेट स्ट्रेटेजी (Bucket Strategy) - आप अपने रिटायरमेंट के लिए इक्कट्ठा किये हुए पैसों को टोकरी रणनीति के हिसाब से खर्च और निवेश कर सकते हैं.

उदाहरण के लिए यदि आप 60 साल में रिटायर होते हैं तो पहले 10 साल के खर्चे का पैसा एक दम सुरक्षित जगह निवेश करें, जैसे की बैंक फिक्स्ड डिपाजिट, या लिक्विड / शार्ट टर्म म्यूच्यूअल फण्ड. अगले 10 साल यानी की 71 से 80 साल में जो पैसा चाहिए उसका 50% सुरक्षित जगह निवेश करें, और बाकी 50% ऐसे जगह निवेश करें जहाँ आपका पैसा मेंहगाई की दर से ज्यादा बढ़े जैसे की अच्छे शेयर्स या अच्छे इक्विटी म्यूच्यूअल फण्ड में. 20 साल बाद यानी की 81 साल के बाद आपको जो पैसा

चाहिए, उसमे से ज्यादा से ज्यादा ऐसे जगह निवेश करें जहाँ आपका पैसा मेंहगाई की दर से ज्यादा बढ़े जैसे की अच्छे शेयर्स या अच्छे इक्विटी म्यूच्यूअल फण्ड में.

याद रखें की ये केवल एक तरीका है और ऐसे लोगों के लिए है जिनको कुछ शेयर मार्किट की समझ है. यदि आपको ये समझ नहीं है तो कृपया शेयर मार्किट में निवेश न करें.

अध्याय 16
निवेश के लिए जाँच सूची (चेक लिस्ट)

मेरे वित्तीय लक्ष्य क्या हैं?

मुझे भविष्य में कितना पैसा चाहिए होगा?

अभी मेरे पास कितनी सम्पति और कितनी जिम्मेदारी है?

अभी मेरी कितनी कमाई है और कितने खर्चे हैं?

मुझे कितने समय बाद पैसे चाहिए होंगे?

वित्तीय जोखिम उठाने की मुझमें कितने क्षमता है?

निवेश चुनने की जानकारी होनी चाहिए?

आप जहाँ भी निवेश कर रहे हैं उसमे कितना टैक्स लगेगा?

मुझे निवेश चुनने की कितनी समझ है?

निवेश करने में खर्चा कितना है? और उसमे कितना टैक्स सम्बंधित किन बातों का ध्यान रखना है.

मैं अपने लगातार हर महीने निवेश करने और लम्बे समय तक निवेश के लिए कितना अनुशासित हूँ?

अच्छे से कमाएं, उसमे से पैसे बचत करें और सही जगह निवेश करें

निवेश से पैसे कब और कितने निकालें ?

किसी भी निवेश से पहले आप अपना वित्तीय लक्ष्य बनाएं. कितना पैसा और कितने बार जमा करना है, कितने सालों के लिए जमा करना है. साथ ही ये भी पता होना चाहिए कि ये पैसा कैसे निकालेंगे, सारा पैसा एक साथ निकालेंगे या किस्तों में निकालेंगे.

लक्ष्य समय के अनुसार हो सकता है जैसे की आपके बच्चे की ग्रेजुएशन के लिए आपको 10 साल बाद पैसे चाहिए. या लक्ष्य पैसे के हिसाब से हो सकता है जैसे की मुझे अपना घर खरीदने के लिए 5 साल बाद बैंक के अग्रिम भुगतान (डाउन पेमेंट) के लिए 20 लाख रूपए चाहिए.

जब आप अपने निवेश से पैसे निकालते हैं तब भी टैक्स देना पड़ सकता है. इस बात को ध्यान में रख कर जितना जरूरी हो उतना ही पैसा निकालें.

बचत खाता और निश्चित लाभ वाले निवेश में आपको पता रहता है की कितने साल के लिए पैसा जमा है और कितना ब्याज भविष्य में मिलेगा.

अपने आप से शेयर मार्किट में इन्वेस्ट करने पर आपको समय समय पर अपने शेयर्स के कीमत की निगरानी रखनी पड़ती है. साथ ही इसमें कुछ हद तक शेयर खरीदने और बेचने का समय भी महत्वपूर्ण होता है. शेयर मार्किट में अच्छा मुनाफा भी हो सकता है, और ज्यादा नुक्सान भी हो सकता है, जिसके लिए आपको मानसिक रूप से तैयार रहना चाहिए. अतः**पूरी समझ के बाद ही शेयर में निवेश करें.** शेयर मार्किट विभिन्न चक्र में चलता है, कभी ऊपर तो कभी नीचे. आपको ये ध्यान रखना चाहिए की हो सकता है की आप जिस समय पैसा निकलना चाहते हों उस समय शेयर बाजार नीचे हो.

आपको अपना अपेक्षित लाभ जल्दी भी मिल सकता है, देरी से मिल सकता है, अपेक्षित लाभ से बहुत ज्यादा लाभ भी मिल सकता है. और यदि ख़राब शेयर्स हुए तो कभी भी आपको आपका लाभ नहीं मिलेगा, और शायद मूलधन भी डूब जाये.

अध्याय 17
वसीयत और अपनी सम्पति का बटवारा

अगर हमारे पास सम्पति है तो हमे अपनी वसीयत बना लेनी चाहिए और बुढ़ापे तक का इंतज़ार नहीं करना चाहिए, क्योंकि मृत्यु का समय निश्चित नहीं है और वो कभी भी आ सकती है. हमे अपनी सम्पति अवं जिम्मेदारिओं का इस तरह से बटंवारा करना चाहिए की हमारी मृत्यु का बाद हमारे घरवाले (कानूनी उत्तराधिकारी) को कोई कानूनी झंझट न हो, और उनको इस पर टैक्स न देना पड़े या कम से कम टैक्स देना पड़े.

हमारे जो भी वित्तीय निवेश हैं तथा बैंक अकाउंट हैं उसमे कानूनी उत्तराधिकारी का नामांकन होना चाहिए, जैसे की म्यूच्यूअल फंड्स, शेयर्स बैंड्स इत्यादि में. यह याद रहे की जिस व्यक्ति का आपने नामांकन किया है वो कानूनी उत्तराधिकारी नहीं माना जाता है. इसीलिए वसीयत बनाना जरूरी है और वसीयत में सम्पति उसके नाम करना जरूरी है.

अध्याय 18
धन का आध्यात्मिक दृष्टिकोण

मैं ईश्वर में विश्वास रखता हूँ और उस दृष्टिकोण से कुछ बातें आपके सामने रख रहा हूँ हो सकता है के ये विचार आपके दृष्टिकोण से न मिलते हों तो इसे भूल जाइएगा.

पहले जो आपके पास है उसके लिए ईश्वर को धन्यवाद् करे. इसके बाद ही कुछ और मांगे.

समृद्धि या धन। समृद्धि हमेशा बढ़ती है, लेकिन धन आता जाता रहता है. हमेशा शुभ लाभ की इच्छा रखें. प्रभु से बोले की जो कुछ भी भगवान् दें वो आपके और आपके परिवार के लिए शुभ हो.

जब आपको पैसे खर्चने का मौका मिलता है या किसी को पैसे देते हैं, तो आप खुश हों की भगवान ने आपको ये अवसर दिया है की आप के पैसे से किसी का घर चल सके, किसी के बच्चे पढ़ सकें, किसी का इलाज हो सके.

व्यर्थ खर्च न करें, मोल-भाव करें, सामान सस्ता कराएं, लेकिन एक बार सौदा हो जाने के बाद पैसे खुश मन से दें. ऐसा करने से आपके दिमाग को सन्देश जाता है की आप के अंदर देने की क्षमता है, जिससे की आपका आत्मविश्वास बढ़ता है.

One dollar more: यह कहानी मैंने कहीं पढ़ी थी और मुझे उसके लेखक का नाम नहीं याद है. कहानी का सारांश ये है जब आप किसी अपने से नीचे स्तर के व्यक्ति को उसकी सेवा के बदले या उस से कोई सामान खरीदने के बदले पैसे देतें है, तो कुछ पैसे (जैसे की दस रूपए) ज्यादा दें. इससे वो व्यक्ति आपकी ज्यादा इज़्ज़त करेगा और आपसे अमीरों की तरह व्यवहार करेगा और आपका आत्मविश्वास बढ़ेगा.

अध्याय 19
पैसे को मैनेज करने के कदम - सारांश

1. पैसे सम्बंधित ज्ञान अर्जित करें.

2. वित्तीय लक्ष्य लिखें.

3. व्यवसाय में कुशलता बढ़ाएं और ज्यादा पैसे कमाएं.

4. आय अवं सम्पति का हिसाब रखें.

5. व्यय एवं जिम्मेदारिओं का हिसाब रखें.

6. बचत करें, बजट बनाएं और उसके अनुसार पैसे खर्च करें.

7. जरूरी है तो बचत बढ़ाएं.

8. आकस्मिक खर्चों के लिए पैसे बचा कर रखें. इमरजेंसी फण्ड बनाएं - बैंक में आपके घर के 6 महीने का खर्च रहना चाहिए जिसमें की लोन की किश्त भी शामिल होनी चाहिए.

9. सुरक्षा जरूरी है - अपना जीवन बीमा, स्वस्थ बीमा और अन्य बीमा कराएं. जीवन बीमा केवल टर्म इन्शुरन्स होना चाहिए और आप की सालाना कमाई का कम से कम बीस गुना होना चाहिए.

10. इसके बाद पैसे सही जगह निवेश करें. जो खर्चे अगले 3 से 5 साल में होने हैं वो पैसा सुरक्षित जगह निवेश करें जैसे बैंक ऍफ़ डी. जो पैसा आपको अगले 5 से 10 साल में चाहिए उस पैसे को निश्चित लाभ एवं सुरक्षित वित्तीय उत्पाद तथा अनिश्चित लाभ देने वाले वित्तीय उत्पाद में, अपनी जोखिम लेने कि क्षमता के हिसाब से विभाजित कर निवेश करें. जो खर्चे अगले 10 साल के बाद में होने हैं वो पैसा आप अनिश्चित लाभ देने वाले वित्तीय उत्पाद में जैसे की इक्विटी म्यूच्यूअल फण्ड, इ टी ऍफ़, शेयर्स, जमीन जायदाद, सोना में निवेश कर सकते हैं. लम्बे समय के निवेश

के लिए सबसे आसान तरीका है की निफ़्टी फिफ्टी इंडेक्स म्यूच्यूअल फण्ड में निवेश करें.

11. पैसा निवेश से तब बाहर निकालें जब या तो आपका वित्तीय लक्ष्य पूरा हो जाए, या समय अवधि पूरी हो जाये, या आपको लगता है की पैसा डूब रहा है.

12. टैक्स प्लानिंग करें और कानूनी तरीके से टैक्स बचाए. टैक्स चोरी न करें.

13. जहाँ तक संभव हो तो कर्ज़ा न लें. केवल घर, पढाई या बिज़नेस बढ़ाने के लिए ही कर्ज़ा लें, और वो भी केवल अपनी क्षमता के अनुसार और उसे भी जल्द से जल्द उतार दें.

14. आपको यह पता होना चाहिए की आप अपने किस निवेश से कब पैसा निकालेंगे.

15. अपनी वसीयत बनाएं और कानूनी तौर से किसको क्या मिलना चाहिए ये भी लिखें.

मैं भगवान से प्रार्थना करता हूँ की आप सभी समृद्ध रहें और खुश रहें.

Appendix – fin calculators,

https://www.thecalculatorsite.com/finance/calculators/ compoundinterestcalculator.php

https://www.finology.in/Calculators/